Wilhelm Walloth

Aus der Praxis

Ein Roman

Wilhelm Walloth

Aus der Praxis
Ein Roman

ISBN/EAN: 9783744608275

Hergestellt in Europa, USA, Kanada, Australien, Japan

Cover: Foto ©Thomas Meinert / pixelio.de

Weitere Bücher finden Sie auf **www.hansebooks.com**

Aus der Praxis.

Roman

von

Wilhelm Wallrath.

Leipzig 1887.
Verlag von Wilhelm Friedrich
K. R. Hofbuchhändler.

I.

In dem elegant eingerichteten Wartezimmer des
Dr. Friedrich Kahler blätterte eine schwarzgekleidete,
dichtverschleierte Dame bereits seit einer Stunde in
dem großen, zum allgemeinen Gebrauch niedergelegten
Album. Die hastige, zuckende Bewegung ihrer Hände,
die Art, wie sie den hinter der Portière des ärzt-
lichen Studierzimmers verschwindenden Patienten nach-
blickte, verriet eine gewisse Spannung; auch konnte
ein scharfes Auge die Erregung ihrer bald erblassen-
den, bald hocherrötenden schönen Gesichtszüge durch
die Schwärze des verhüllenden Spitzenschleiers schimmern sehen. Der letzte vor ihr angekommene Patient
wurde soeben durch den Gehülfen des Arztes mittelst
eines kräftigen: Herein! in das Sprechzimmer ge-
rufen; die junge Dame saß allein. Sie schloß das
Album, beugte seufzend den Kopf, schenkte sich alsdann
ein Glas Wasser ein und setzte es, ihren Schleier
lüftend, mit zitternden Händen an die Lippen. Ihr
schwer atmender Busen ließ auf ein Lungenleiden
schließen, obgleich ihre Wange eine völlig gesunde
Farbe trug. Indes schien ihr das kalte Wasser nicht
zu behagen, der kleine Schluck, den sie genommen,

ließ sie zusammenschauern, sie setzte das Glas auf
den Tisch, stand auf und ordnete vor dem prächtigen,
goldumrahmten Spiegel ihre ein wenig excentrische,
von einer seltsamen Phantasie zeugende Kleidung,
wobei es auffallen mußte, wie wenig weibliche An=
stelligkeit sie besaß. Als sich jetzt die Thüre öffnete,
um einen neuen hülfesuchenden Patienten einzulassen,
schlug die Dame sofort ihren Schleier über ihre fein=
geformten Züge, benahm sich aber im übrigen so
ungeniert, als befände sie sich zu Hause.

„Guten Tag," sagte der neue Ankömmling, ein
älterer, militärisch aussehender Herr, der den Arm
in einer Binde trug. Die Dame räusperte sich,
blätterte in dem Album und schwieg.

Da sich nun unter dem Rufe: Herein! die Thüre
des ärzlichen Studierzimmers öffnete, wollte der neue
Ankömmling, wie es ihm, dem später Erschienenen
ziemte, der Dame den Vortritt lassen, diese sagte
jedoch mit einer singenden Stimme und nicht
ganz dialektfreien Aussprache:

„Bitte, gehen Sie nur —"

„Aber Sie kamen doch vor mir?" wandte der
Herr bescheiden ein.

„Thut nichts — ich warte," sagte die Dame,
sich unbehülflich verbeugend und an den ihr, wie es
schien, ungewohnten Glacee=Handschuhen zupfend. Der
Herr folgte dem Diener, indeß die Verschleierte, die
sich wieder allein sah, durch das Fenster hinab auf
den Schloßplatz blickte, woselbst gerade das Musik=

corps des Garberegiments einen Kreis formierte. Bald schmetterten die champagnersprühenden Töne eines Strauß'schen Walzers herauf, schienen jedoch die Nerven der Dame, anstatt sie zu besänftigen, nur noch mehr zu überreizen, wenigstens zog sie ihre schwarzen, ungemein delikat gezogenen Augenbrauen finster zusammen und murmelte einige unwillige Bemerkungen. Die goldne Pendüle, die vor dem Spiegel prunkte, zeigte gleich 4 Uhr; um vier Uhr pflegte Dr. Kahler seine Sprechstunde zu beenden und als sich nach einiger Zeit der militärische Herr mit dem Arm in der Binde durch eine Hinterthüre, die man laut erknarren hörte, entfernte, vernahm die Dame, wie der Gehülfe des Arztes die Thüre des Sprechzimmers von innen schließen wollte. Sie räusperte sich, so laut sie vermochte; der junge Gehülfe, aufmerksam gemacht, öffnete noch einmal, streckte den Kopf durch die Portière und sagte, als er die Anwesende bemerkte:

„Ach! verzeihen Sie — der Herr Doktor muß um halb 5 an die Bahn — eine schwierige Operation in Frankfurt —"

Aber sein Herr unterbrach ihn mit der aus dem Sprechzimmer dumpf herausschallenden Frage: „Noch jemand hier?" Der Gehülfe verschwand, bis er nach einiger Zeit wieder erschien.

„Bitte, treten Sie ein," sagte er zu der nun sichtlich zitternden, hocherregten Dame.

Als die Portière sich hinter ihr rauschend geschlossen, sah sich unsere Freundin einem schwarz-

1*

bärtigen Herrn gegenüber, der von einem Buche, in das er Notizen gemacht hatte, aufsah und die Cigarre aus dem Munde nahm, die das ohnehin düstere Gemach mit bläulichem Nebel erfüllte.

„Bitte, setzen Sie sich," sagte er, auf einen Stuhl deutend, der vor einem riesigen, mit Hörrohren und andren Apparaten bedeckten Tische stand. Die Dame nahm allen ihren Mut zusammen, räusperte sich und setzte sich, während der Arzt in einem wissenschaft= lichen Buche blätternd frug, mit was er dienen könne. Die Töne eines Regimentsmarsches schmetterten jetzt lauter denn zuvor an die Scheiben des Zimmers, wodurch die Dame augenscheinlich in eine noch pein= lichere Verlegenheit versetzt wurde, sie begann mehr= mals einen Satz, brach ab, begann einen neuen und beugte den Kopf schließlich in so tötlicher Verlegen= heit auf die Brust herab, daß Dr. Kahler sich mit= leidig zu ihr hinüberneigte.

„Ist Ihnen unwohl?" frug er höflich besorgt, „Sie haben wohl starken Kopfschmerz, bitte, ver= trauen Sie mir Ihr Leiden getrost an —"

„Mein Herr, erlauben Sie, daß ich mich Ihnen zuerst vorstelle: Fräulein Emma Pöhn," stieß die Dame hervor, richtete dann den Kopf mit Würde in die Höhe und hatte nach kurzer Anstrengung so= gleich ihre Fassung in einem solchen Grade wieder= gefunden, daß der Arzt es für nötig fand, sich er= staunt ein wenig in seinem Strohsessel zurückzubeugen.

„Ich bin durchaus gesund," fuhr die Dame fort,

nun einen kühlen, imponierenden Ton affektierend, der auch nicht verfehlte eine verblüffende Wirkung auf den Doktor hervorzubringen, „durchaus gesund," lächelte sie, „und Sie werden erstaunen, nenne ich die Ursache, die mich hierhergeführt."

Der Arzt nickte bestätigend, als sei er darauf vorbereitet, zu erstaunen. Sie lächelte, strich ihr Kleid glatt und wartete, bis eine rauschende Fanfare des Regimentsmarsches verklungen war, dann begann sie, während der Arzt ungeduldig mit einem Bleistifte spielte, von neuem: „In meiner Lage befand sich wohl noch kein Weib, seit die Welt existiert," sagte sie so gelassen als möglich, „obgleich man behauptet, es gäbe nichts Neues unter der Sonne. Sie sehen, ich bin über die allerersten Jugendjahre hinaus, dennoch bin ich gezwungen zu heiraten. Ja, mein Herr, ge= zwungen! Ich verabscheue die Ehe und komme nun in die Lage, mir einen Mann zu suchen! Ich fühle, daß ich edler handlen würde, dies nicht zu thun."

Da sie nun schwieg, sah ihr der Arzt prüfend in die Augen, doch sie, diesen unzweideutigen Blick ignorierend, starrte längere Zeit düster vor sich nieder und zuckte erst, als der Regimentsmarsch plötzlich schwieg, wie aus einem bösen Traume erwachend empor.

„Sie sind ein Mann von Erfahrung, haben sich bereits einen Namen gemacht," sagte sie in ihrer etwas singenden, gedehnten Weise, „ich denke, ich brauche mich vor einem berühmten Manne nicht anders

zu zeigen, als ich bin. Sie werden mich für wunderlich halten, wenn ich mich Ihnen zeige, wie
ich bin."

„Gewiß nicht," murmelte der Arzt, das gespannt prüfende Auge nicht von ihren Gesichtszügen
entfernend, „reden Sie unumwunden."

„Ich setze mich über die Meinung der Welt
hinweg," fuhr sie ruhig fort, „ich that es von jeher,
schon vor dem Tode meines Vaters, und werde es
immer thun, ich verachte die Meinung der Welt.
So hören Sie denn, ich lege Ihnen eine seltsame
Frage vor." Sie hielt einen Augenblick inne, als
beschwere sie der Tabaksdunst und fuhr in geschäfts-
mäßigem Tone fort, der indes ihre innerliche Erregung kaum zu bemänteln im stande war: „Haben
Sie unter Ihren Patienten einen womöglich armen
Mann, einerlei von welchem Alter, der an einer
Krankheit leidet, die ihm kein langes Leben mehr
gönnen wird?"

„Es wird sich wohl ein solcher finden lassen,"
sagte der Arzt, von dem ein gewisser Verdacht mich,
den er betreffs des Geisteszustandes Fräulein Pöhn's
gehegt, „aber bitte, reden Sie weiter — wenn hier
ein Werk der Mildthätigkeit —"

„Gewiß nicht," fiel ihm Fräulein Emma hastig
in die Rede, „ich will mich nicht besser machen, als
ich bin; mein Zweck ist ein ganz und gar egoistischer, total egoistischer. Wollten Sie mir die Adresse

dieses Kranten — doch ich vergesse," unterbrach
sie sich, „der Kranke muß unverheiratet sein —"

Der Arzt lächelte ein wenig ironisch, schüttelte
den Kopf und streifte die schöne Seltsame wieder
mit seinem zweifelnden prüfenden Seitenblick.

„Unverheiratet?" sagte er zögernd.

„Allerdings," erwiderte Fräulein Emma Pöhn,
dem Blick des Arztes mit einer gewissen herausfordernden Scheu begegnend, „doch ich glaube, Sie
halten mich nicht recht für zurechnungsfähig, wenn
ich Ihnen nicht betreffs meines merkwürdigen Ge-
bahrens sobald als möglich nähere Auskunft erteile.
Wenn Sie Zeit haben, wird die Aufklärung, die ich
Ihnen zu geben habe, bald jeden Ihrer Zweifel
zerstreuen."

Sie hatte dies mit einer Würde gesagt, die
an Kälte streifte, wie sie denn während des ganzen
Zwiegesprächs eine große Gemütskälte zur Schau zu
tragen suchte. Der Arzt sah nach der Uhr.

„Ihre Mitteilung interessiert mich in mannig-
facher Weise," sagte er, abermals ein Lächeln unterdrückend, „ich werde mit einem späteren Zuge fahren! Bitte, reden Sie weiter."

Er legte die Cigarre weg, streifte den Vorhang
am Fenster ein wenig zurück, schlug ein Bein über
das andere und nahm sich vor, das nun etwas
heller beleuchtete Gesicht des Fräuleins mit dem ganzen Aufwand seines medizinischen Scharfsinns zu
studieren. Fräulein Pöhn verharrte in ihrer ge-

heuchelten Gleichmütigkeit und begann ihren Bericht in einer etwas gesuchten Ausdrucksweise, der man anhören sollte, daß sie sich einer gewissen höheren Geisteskultur teilhaftig gemacht.

„Ich lebte," erzählte sie, „bis vor kurzem auf dem Dorfe Rheinheim in der Nähe von D., als einziges Kind meines Vaters, des Pfarrers, der mir, ich darf es wohl gestehen, eine sehr gute Erziehung angedeihen ließ. Schon in frühster Jugend auf der Schulbank, war ich indes mit den Dogmen der christlichen Kirche, die mein Vater mir beibringen wollte, nicht völlig einverstanden, was mir mein guter Vater jedoch nicht übel nahm, da ich sonst rasch und willig lernte. Meine Mutter, die ein armes Bauernkind gewesen und die mein Vater ihrem häuslichen Elend, besonders der schlechten Behandlung ihrer Eltern entzogen, befaßte sich freilich wenig mit meiner Erziehung; mein Vater war von mildem, fast schwachem Charakter, und so wuchs ich ziemlich wild auf. Ich übergehe meine Jugend. Als ich kaum das zehnte Lebensalter erreicht, traf uns ein großes Unglück, meine Mutter nämlich, die unter der rohen Behandlung ihrer Eltern sehr gelitten hatte, sowohl körperlich als geistig —" die Erzählerin begann sich zu verwirren, „es wurde mir erzählt, man habe sie oft mißhandelt —"

Sie hielt inne, fuhr dann aber, nachdem sich hre Stirne einen Augenblick verfinstert und ihrei Stimme sich belegt hatte, mit Fassung fort: „Wir zogen vor einigen Jahren nach der Stadt. Da ist eine Thüre in dem neuen Hause, das wir in der Stadt bezogen, die sich nur für mich öffnet, durch die, außer dem meinen noch kein Fuß geschritten und die von jedem der wenigen Freunde, die uns besuchen, mit Scheu betrachtet, ängstlich vermieden wird. Hinter dieser Thüre, in dem stets verdunkelten Zimmer, liegt einem lebenden Wesen nicht mehr ähnlich nun schon seit Jahren eine Unglückliche, meine Mutter."

Wiederum hielt sie inne, zog die zitternden Augenbrauen schmerzlich zusammen und suchte ihre aufquellende Gemütserschütterung mit der ganzen Kraft ihres starken Charakters niederzuhalten. Der Arzt betrachtete sie mit Teilnahme und als sie jetzt mit leiser, bebender, fast verschämter Stimme sagte: „Eine unheilbare Geisteskrankheit!" zuckte er zusammen und suchte in der That bewegt nach Worten des Mitgefühls. Sie jedoch war ihrer Schwäche bald Herr geworden.

„Was ist da zu ändern," fuhr sie fort, „ich muß es tragen und ich erfülle meine Pflicht, darf ich wohl sagen, ich erfülle sie freudig. Nur von mir nimmt die Unselige Speisen an, nur von mir läßt sie sich reinigen, ich muß sie zeitweise im Zimmer auf und abtragen, wenn sie ihr phantastisches Angstgefühl überfällt und ich muß sie oft beruhigen, wie man ein Kind beruhigt. Ich lasse gewöhnlich alle Thüren der ganzen Wohnung offen, um auf das

geringste Geräusch, das aus ihrem Zimmer dringt.
zu ihr eilen zu können, ich koche, ich arbeite, ich
lebe nur noch für sie, die kaum mehr den Leben=
den beigezählt werden darf. Sie mögen sich denken,
welches Dasein ich führe, wie öde, wie einsam ich
zwischen meinen vom Wahnsinn verfinsterten Wänden
sitze. Vielleicht ist es Ihnen nun auch verständlich,
als Arzt verständlich, wenn ich Ihnen sage, daß ich,
immer von den krankhaften Gebilden einer Geistes=
kranken umgeben, immer dieses Elend vor Augen,
selbst zuweilen fürchte geisteskrank zu werden; viel=
leicht werden Sie es nach solchen Erlebnissen ent=
schuldigen, wenn ich auf die sogenannte sittliche
Weltordnung nicht aufs Beste zu sprechen bin."

„Solche Erlebnisse können freilich auch das mit=
fühlendste Herz verbittern," entgegnete der Arzt mit
weicher, teilnehmender Stimme.

„Doch bitte, hören Sie weiter," begann sie aufs
neue, den wärmeren Ton, in welchem der Arzt mit
ihr verkehren wollte, absichtlich ablehnend. „Es kann
Sie schwerlich wunder nehmen, wenn ich Ihnen
sage, daß ich, besonders da unsre pekuniären Ver=
hältnisse nicht eben die glänzendsten waren, nie da=
ran dachte zu heiraten und daß sich auch schwerlich
jemand gefunden haben würde, der die Tochter
der Geisteskranken zum Eheweib begehrte, schon des=
halb nicht, weil dieser unglückliche Ehegatte meine
Mutter so zu sagen mit mir zugleich hätte heiraten
müssen, denn selbstverständlich hätte mich die Ehe

nicht abhalten können, meine Mutter weiter zu pfle=
gen. Es fand sich auch kein Freier, was mir sehr
angenehm war, denn — offen herausgesagt — ich
hatte von jeher eine Abneigung gegen die Ehe, die
sich noch bedeutend steigerte, als ich die neueste Philosophie,
besonders als ich Schopenhauer kennen lernte —"

„So? Sie haben Schopenhauer gelesen," unter=
brach sie der Arzt respektvoll.

„Ich schätze mich glücklich, diesen Geist kennen
gelernt zu haben," fuhr sie, ein wenig stolz auf
ihre Starkgeistigkeit fort. „Kurzum ich haßte die Ehe;
ich lernte von den Frauen gering denken und hielt
die Männer ebenfalls nicht sehr hoch, wenigstens
flößten mir die jungen Candidaten, mit denen mein
Vater umzugehen gezwungen war, keinen sonderlichen
Respekt ein. Nun besuchte uns zuweilen ein alter,
grillenhafter Onkel, der es sich in seiner jovial=
mephistophelischen Weise in den Kopf gesetzt hatte,
mir andere Begriffe über Männerwelt und Ehe
beizubringen. Der Mann, der eine reiche Frau ge=
heiratet, mußte diesen Reichtum als geschickter Jurist
in's Bedeutende zu steigern; er hatte seine Jugend,
wie man sagt, allzu reichlich genossen, es hing ihm
noch etwas Burschikoses, Lebemännisches an und er
glaubte nun, er dürfte uns, da wir seine Erben
seien, tyrannisieren. Das that er denn auch, ob=
gleich wir uns seine Schroffheiten keineswegs ge=
fallen ließen, wo er nur konnte. Nach seiner Vor=
schrift mußte gehandelt werden, ihm mußte gehul=

bigt werden, und wehe uns, wenn wir zu wider=
sprechen wagten. Besonders mich pflegte er unauf=
hörlich zu ärgern, suchte mir, obgleich er ihn selbst
gern las, Schopenhauer zu verleiden und behauptete,
ein weibliches Wesen, das keine Ehe einginge, sei
nur ein halbes Wesen, ein Unding. Ich blieb
ihm keine Antwort schuldig, ward ihm zuweilen sogar
recht unliebenswürdig, was ihn indes eher zu erfreuen
schien, und als ich ihm bewies, daß ich schon durch
die außergewöhnlichen Verhältnisse, in welchen wir
lebten, gezwungen sei, ehelos zu bleiben, behauptete
er, gerade ich müßte heiraten und zwar ganz un=
bedingt, denn nur die Ehe könnte meinen sich mehr
und mehr verdüsternden Geist aufhellen, ihm eine
heilsame Ablenkung geben. Ich sehe den alten heiß=
blütigen Rechtsanwalt noch immer hinter seiner
Weinflasche sitzen, wie er mit nachdrucksamen Ge=
berden seine Rede über die Ehe begleitete. Mein
alter Vater saß vor ihm, sein Haupt billigend
wiegend und aufmerksam dem Beweise folgend, den
ihm der scharfe Advokat, der sich so gerne sprechen
hörte, mit ungewöhnlicher Präcision entgegenschleuderte.
Ich ging ab und zu, kochte, sah nach der Mutter
und warf zuweilen eine spitzige Bemerkung hin, die
der greise Redner widerlegte, stolz darauf, daß er
in seinem 80. Jahre noch so gut disputierte.

Kurze Zeit darauf starb Onkel Konrad am
Schlage; ich dachte von jeher, daß er am Schlag
sterben würde, er war so sanguinisch, so aufgeregt.

Ich kann sagen, sein Tod ging mir nahe, er berührte mich um so tiefer, als mein armer Vater kurz vorher ebenfalls der Welt Lebewohl gesagt und ich mit meiner kranken Mutter allein in der Welt stand. Ich komme nun zum Schluß, Herr Doktor, zu dem Punkt, um den sich alles dreht und der Ihnen die gewünschte Aufklärung über mein seltsames Gebahren geben wird. Mein Onkel hatte mir seine ganzen Reichtümer testamentarisch vermacht, Haus, Hof und Gut; aber in dem Testament befand sich eine Bedingung, die mir so unerhört schien, daß ich anfangs die ganze Erbschaft mit Entrüstung zurückzuweisen entschlossen war.

Dr. Kahler neigte sich gespannt lauschend zu der Sprecherin hinüber, diese errötete ein wenig, fuhr sich mit dem Taschentuch über die Lippen, und suchte alsdann ein Lächeln zu erzwingen.

„Erst an dem Tage," fuhr sie mit immer sicherer werdender Stimme fort, „sollte mir die Erbschaft zufallen, an welchem ich meine Hand am Altar einem Manne gereicht."

Sie unterbrach sich und sah einmal so scheu zu Doktor Kahler empor, als fürchte sie durch ihre Enthüllung dessen Geringschätzung oder gar Abscheu herausgefordert zu haben. Der Doktor verzog indes den Mund ein wenig zum Lächeln, schüttelte dann aber ernst das bärtige Haupt und murmelte vor sich hin: „Sonderbar, daß die meisten Menschen ehe sie mit dem Tode abgehen, glauben, sie müßten sich von irgend einer interessanten Seite zeigen."

„Da haben Sie recht," entgegnete Fräulein Emma Pöhn, erfreut darüber, daß ihr Gegenüber die Sachlage ernst zu nehmen begann. „Wie oft liest man von wunderlichen Testamenten; ich habe dergleichen Wunderlichkeiten stets für Erfindungen müßiger Zeitungsschreiber gehalten und nun komme ich selbst in die Lage, in einer derartigen Komödie zu figurieren, die für mich freilich eher tragischer Natur ist. Es scheint für den Sterbenden ein gewisser Reiz darin zu liegen, die Lebenden durch irgend eine Absonderlichkeit zu verblüffen, als wenn hierdurch das Gedächtnis an den Geschiedenen länger erhalten bliebe."

„Sie wollen nicht vergessen, daß der Reichtum gar manche Grille ausbrütet," warf der Arzt ein, „doch in Ihrem Falle hat der Verstorbene so ganz unrecht nicht. Eine Ehe könnte eine ganz günstige Wirkung auf ihr Geistesleben ausüben."

„Und das sagen Sie? Ein Arzt?" fiel sie ihm heftig in's Wort, „Sie, der doch wissen muß, wie leicht, —" sie brach ab und fuhr mit zitternder Stimme fort, „wie leicht sich Geisteskrankheiten vererben?"

Sie errötete, erblaßte dann sehr tief und sah mit dem Ausdruck eines großen unauslöschlichen Seelenleids vor sich nieder, sodaß Dr. Kahler, er-

schrocken einlenkend, von Mitgefühl erfaßt ihr Mut,
einzuflößen suchte.

„Es ist unbedingt notwendig, daß Sie sich
zerstreuen," sagte er mit weicher Stimme, „das Le-
ben, das Sie führen, muß Sie in kurzer Zeit auf-
reiben, denn nichts ist gefährlicher, als tagelanges
Alleinbleiben und Grübeln über Unabwendbares;
Sie müssen Gesellschaft aufsuchen und zwar heitere
Gesellschaft, damit Sie das traurige Bild gewaltsam
vergessen lernen, das Sie täglich vor Augen haben.
— Am besten wäre es — wenn Sie dem düstren
Anblick für immer entfliehen könnten, das würde
Ihre angegriffenen Nerven wiederherstellen, würde
Ihnen die Welt wieder in schönerem Lichte zeigen.
Könnten Sie die Kranke nicht in einer Irrenan-
stalt unterbringen?"

Fräulein Pöhn erklärte mit einfachen, festen
Worten, daß sie dies letztere nie thun werde, sie
halte eine derartige Erleichterung ihrer Lebensauf-
gabe für ein Verbrechen, sie wolle ihre Mutter bis
an's Ende pflegen und würde sie niemals fremden
Händen anvertrauen. Sie sagte dies mit so schlich-
ten, starken Worten, daß der Arzt, fast beschämt,
nicht das Herz hatte, etwas Weiteres dagegen einzuwenden. Er neigte ergriffen das Haupt und sah
dem Mädchen alsdann mit einem Blick innigster
Hochachtung in das klare große Auge. Nach einiger
Zeit begann er mit unsicherer Stimme:

„Ich glaube, nach dem, was sie mir erzählt

haben, nicht, daß sich die Geisteskrankheit Ihrer Mutter in Ihrer Familie forterbt, da nicht angeborene Anlagen, sondern traurige Gemütszustände, fortgesetzte schlechte Behandlung die Krankheit Ihrer Mutter herbeigeführt. Etwas anderes ist es, wenn das Leiden ohne jede äußere Veranlassung ausbricht."

„Einerlei!" entgegnete sie rasch, „man soll das Schicksal nicht auf die Probe stellen. Vielleicht ist der Widerwille, den ich der Ehe entgegenbringe, ein Fingerzeig der Natur; ich hatte mir vorgenommen, auf die Ehe völlig zu verzichten; ein Wesen, wie ich es bin, sagte ich mir, eine vom Schicksal Gezeichnete, begeht ein Verbrechen, wenn sie heiratet! Nun kommt diese Erbschaft, die uns auf einmal allen Nahrungssorgen entreißen würde, die so viel dazu beitragen könnte, das unselige Loos meiner Mutter zu verbessern, ihre letzten Lebenstage zu verschönen. Ich würde in das prächtig ausgestattete Haus des Onkels ziehen, die Mutter erhielte ein größeres luftiges Zimmer, ihr Bett würde, da sie sich oft wund liegt, mit Luftkissen versehen werden, ich könnte ihr beständig ihre Lieblingsspeisen kochen; sehen Sie, das Essen blieb ihr einziger Genuß — ich könnte ihr einen Fahrstuhl machen lassen — kurzum, ich könnte ihr jede nur irgend mögliche Bequemlichkeit verschaffen. Mit dem Tode meines Vaters erlosch unsre kleine Pension; ich selbst könnte mir ja durchhelfen, aber nun dieses Elend ohne genügende Mittel es zu lindern! Ich darf nicht daran denken."

Wiederum hielt sie einen Augenblick inne, sah starr vor sich nieder, schüttelte sich dann ein wenig und begann fortzufahren: „So bin ich denn nach langem, schwerem Kampfe zu einem Entschluß gekommen, zu dem Entschluß, mich um die Meinung der Welt möglichst wenig zu kümmern, dem Wohl meiner Mutter ein Opfer zu bringen. Mögen die Leute dazu sagen was sie wollen, sie kennen die Verhältnisse nicht, haben keinen Überblick über meine Lage und dann bin ich ja auch, wenn ich die Erbschaft antrete, zum Glück so gestellt, daß ich das Gerede der Welt kühn verachten darf."

„Sie folgen also dem Willen Ihres Onkels?" frug Dr. Kahler gespannt, „ah — jetzt begreife ich — warum Sie —" er brach ab, zündete seine Cigarre an und begann eine auffallende Unruhe zu zeigen.

„Ja, Herr Doktor," sagte sie ruhig, „ich heirate, wie es sein letzter Wille ist — nur gehe ich ein wenig jesuitisch dabei zu Werk."

Ihr schönes Gesicht nahm einen naiv-trotzigen Ausdruck an, der des Doktors Aufmerksamkeit in hohem Grade fesselte, als sie nach einer Pause mit leiserer Stimme fortfuhr:

„Ich werde heiraten! aber, um möglichst bald wieder selbstständig dazustehen — einen totkranken Mann! Auf diesen Ausweg verfiel ich gestern Nacht,

als mich das Nachdenken über diese ganze peinliche
Angelegenheit nicht schlafen ließ. Ich war kaum ein
wenig eingeschlafen, als ich plötzlich wieder empor=
fuhr und da ging es wie eine Offenbarung in mir
auf. Wenn du einen Sterbenden heiratest, sagte
ich mir mit der Sophistik des Unglücks, thust du ja
noch an dem Armen ein gutes Werk, dessen letzte
Stunden du mittelst deines Reichtums verschönern
kannst. Ich weiß sehr wohl, daß dies egoistisch ge=
dacht ist, was aber bleibt mir, wenn ich meiner
Mutter traurige Tage verschönen will, wenn ich uns
dem drückendsten Elend entreißen will, andres übrig?
Stellen Sie es sich nur vor! Eine Wahnsinnige,
die Mangel leidet . . ?"

Der Arzt blies heftige Rauchwolken vor sich hin
und frug dann ein wenig ärgerlich:

„Und ich soll Ihnen jenen totkranken Mann unter
meinen Patienten auswählen, den Sie zu beglücken ge=
denken?"

„Wenn Sie nicht wollen, wird sich ein Anderer
finden," meinte sie mit erzwungener Ruhe.

„Ich bewundere Ihre Energie," sagte er dann
herb.

„Die braucht man im Leben," erwiderte sie eben=
so kalt.

Es entstand eine peinliche Pause. Der Arzt
schien unschlüssig. Sein Auge irrte im Gemach um=
her, er begann die Cigarre unruhig zwischen den
Lippen zu drehen.

„Ich muß Ihnen gestehen," sagte er rauh, „daß mir diese Art, Ihnen zu einem Manne zu verhelfen, ebenso sonderbar wie widerwärtig vorkommt. Ich glaube, ich kann mich nicht entschließen, Ihrer Bitte entgegen zu kommen."

„Und warum nicht?" frug sie aufstehend, die schönen Lippen aufeinander pressend, „indeß, wie Sie wollen."

Sie trat einen Schritt dem Ausgang entgegen, während er, die Cigarre im Mund, am Schreibtisch sitzen blieb.

„Sind Sie fest entschlossen," frug er noch einmal, „eine solche abenteuerliche Ehe einzugehen?"

„Was ist abenteuerlich?" gab sie zurück, „es kommt nur darauf an, von welcher Seite man die Sachlage betrachtet. Uns modernen Europäern kommt vieles abenteuerlich vor, was einem Beduinen oder einem Menschen vergangener Zeiten als etwas durchaus Gewöhnliches erschienen wäre. Sie verblüfft dieser Fall, weil er Ihnen zum ersten Mal mit seiner vollen Neuheit und Seltsamkeit vor Augen tritt; hätten Sie so lang darüber nachgedacht wie ich, er würde alles Ungewöhnliche für Sie verloren haben, wie er es für mich verloren hat. Ich habe mich an das Abenteuer so sehr gewöhnt, daß es keines mehr für mich ist."

Sie hatte die Thürklinke erfaßt, ließ diese jetzt los und trat auf den noch immer nachdenklich Dasitzenden zu.

2*

„Können Sie mir," sagte sie ernst, „meinen Egois=
mus wirklich nicht verzeihen? Und ist meine Hand=
lungsweise denn völlig egoistisch? Handle ich nicht
unter dem Zwang der Notwendigkeit?"

„Ich muß Ihnen das zugestehen," sagte er lang=
sam, als prüfe er seine eigene Entscheidung, „doch
—" er schwieg und setzte dann ganz rasch hinzu,
ohne recht zu wissen, was er sagte: „warum wollen
Sie es nicht einmal mit einem Gesunden probieren?"

Er runzelte darauf die gesenkte Stirne ein we=
nig; sie bemerkte das, sah ihn erstaunt an und ent=
gegnete nach einer Pause: „Sie wissen es ja, wa=
rum nicht!" -

„Ach so!" sagte er errötend und sich tiefer herab=
neigend fügte er hinzu: „dann gefiele mir es, offen
gestanden, immer noch besser, Sie wiesen die Erb=
schaft von sich und ertrügen das Unvermeidliche so
gut es eben gehen will."

„Raten Sie mir das wirklich?" frug sie erstaunt,
indem ein tiefer Ernst ihre Züge überschattete.

„Sie mögen recht haben," fuhr sie leiser fort,
als der Doktor schwieg, „obgleich Sie nicht wissen,
was Sie von mir verlangen, welche Entbehrungen
meiner harren, welche Opfer ich bringen muß, welche
dunklen Pläne zuweilen von meinen Sinnen Besitz
nehmen. Aber trotzdem, wenn Sie mir diesen Rat
geben, will ich versuchen, die finsteren Gedanken zu
verscheuchen, die alsdann, zuweilen Einlaß begehrend,
an mein Herz pochen werden!"

„Finstere Gedanken?" frug er wie träumend,
neigte dann den Oberkörper langsam in den Sessel
zurück und sah ihr ernst in das finsterbrütende Auge,
in dessen verschleiertem Glanz er zu lesen suchte.
Und was las er in diesen Zügen? Unwillkürlich
schrak er zurück, als er einige Zeit in dieses unter
den schwarzen, hochgewölbten Brauen blitzende Auge
gesehen. Vor einigen Tagen hatte er die berühmte
Clara Ziegler in Grillparzers Medea bewundert.
An diese Medea, wie sie über dem letzten, blutigen
Entschluß brütet, mußte er plötzlich denken, als er
das seltsame Mädchen so in sich gekehrt, so starr in
die öde Luft blickend an der Thüre stehen sah. Er
zuckte zusammen; welcher That wäre diese leiden=
schaftliche, starke Seele fähig, dachte er; nein! da
giebt es keinen Ausweg! Sogleich bemühte er sich
zu lächeln, stand auf und erfaßte die Hand Fräulein
Pöhn's.

„Nein, mein Fräulein, achten Sie nicht auf meine
Worte," sagte er herzlich, „ich habe mich geirrt!
Handlen Sie nach Ihrem ersten Entschluß, es ist
das Beste, das kleinere von zwei Übeln. Ich werde
Ihnen behülflich sein."

„Ich danke Ihnen," sagte sie tonlos, ganz kalt.

„Wollen Sie mich morgen um diese Zeit wieder
besuchen?"

Sie nickte und er fuhr in einem Tone fort, dessen
Leichtfertigkeit seine tiefe, innere Bewegung bemänteln
sollte:

„Da ist unter meinen Patienten," warf er hin, „ein armer Maler, er heißt Paul Steinacher, dem hat die undankbare Muse so übel mitgespielt, daß ich vor einigen Wochen gerade noch recht kam, ihm ein Gegengift wider das Arsenik beizubringen, das er in einem Anfall von Katzenjämmerlichkeit genommen. Ich habe den jungen Mann in der That recht liebgewonnen, während der Zeit, da ich ihn behandelt und ich würde es ihm von Herzen gönnen, wenn er seine letzten Lebenstage statt in einer windigen Dachwohnung in einem guten Krankenhause bei ordentlicher Nahrung beschlösse."

Er schwieg, ein Lächeln erzwingend.

„So wird er sterben?" frug Fräulein Pöhn nicht ohne eine gewisse Teilnahme.

Des Arztes Gesicht verdüsterte sich einen Augenblick.

„Voraussichtlich!" warf er achselzuckend hin, „ich möchte es ihm fast wünschen. Schade um den talentvollen Jüngling. Das Gift hat seinen ohnehin durch erzwungene Hungerkur angegriffenen Körper zu stark mitgenommen. Doch genug hiervon."

Er zog die Uhr.

„Es ist Zeit, daß ich gehe," unterbrach er sich, „ich werde also morgen das Vergnügen haben. Inzwischen werde ich den Patienten vorbereiten und da er mir sehr freundschaftlich zugethan ist, zweifle ich nicht, daß er nichts gegen die seltsame Verbindung einzuwenden hat."

Fräulein Pöhn verabschiedete sich, da sie empfand, wie Dr. Kahler das Thema abzubrechen
wünschte. Sie versprach, die nötigen Papiere, aus
welchen er die ganze Angelegenheit näher kennen
lernen werde, ihm durch ihren Rechtsanwalt ein-
händigen zu lassen; mit diesem Rechtsanwalt bitte
sie das weitere ausführlicher zu besprechen.

Nachdem sie das Zimmer verlassen, stand der
Arzt noch so lange sinnend am Fenster, bis er die
schlanke, schwarze Gestalt über den Schloßplatz gehen
sah, dann von dem eintretenden Diener an den
harrenden Wagen erinnert, riß er sich aus seinen
Träumereien, kleidete sich rasch an und eilte hinab.

Das Mädchen, mußte er sich gestehen, war durch
eigenartige Schicksale in ein eigenartiges Wesen
verwandelt worden, aber je länger er über sie nach-
sann, desto geheimnißvoller wurde ihm ihr Auge,
ihre ein wenig stark ausgeprägte Stirne, ihr eigentümlich ländlicher Dialekt, überhaupt das wunderlich
Ungenierte und dabei Sichere, Nachdenkliche ihres
Benehmens.

Den Kindern Geisteskranker, wenn sie gesund bleiben, verleiht die Natur oft außergewöhnliche Geistes-
kräfte — hatte der Arzt hier ein solch wunderbares
Wesen vor sich, das unter dem schwülen, exotischen
Hauch des Wahnsinns herangereift, besonders glänzende Geistesschwingen erhalten? War dies eines
jener unglücklich-glücklichen Wesen, deren reiche Ta-

leute aus Grauen, Trümmern und Moder erblüht
sind?

Als er nach der Bahn fuhr, begegnete er ihr
im raschen Vorbeifahren noch einmal und fühlte,
als sie ihn jetzt lächelnd grüßte, ein mit Hochachtung
gemischtes Mitleid in seine Brust dringen. Wenn
er sich die ganze Sachlage klarlegte, die Rolle, die
er spielen sollte, verdeutlichte, befiel ihn stets ein
Mißbehagen und zuweilen kam es ihm zu Sinne: wie,
wenn das, was du eben vernommen, die phan=
tastische Erfindung einer thatsächlich Geisteskranken
gewesen wäre? Doch ihr Vortrag war so ruhig, so
sachlich, daß er diesen Zweifel bald fallen ließ. Und
doch war er, als er jetzt aus dem Wagen stieg, so
zerstreut, daß er sein Etuis voll kostbarer Instru=
mente vergaß und am Billetschalter sich einige Zeit
auf sein Reiseziel besinnen mußte. — Wie ihn der
Lärm, das Fahren, Laufen, Lachen betäubte! er
hätte einem beständig „Kaffee“ in vier Sprachen
schreienden Kellner einen Verweis erteilen mögen,
so unzufrieden war er mit sich selbst; das „Ach=
tung“, „Vorgesehen“ der vorübereilenden Gepäck=
träger störte ihn, als sei es nur an ihn allein ge=
richtet, kurz, sein sonst so energischer, selbstbewußt=
ironischer Charakter war wie niedergehalten, wie
gedämpft.

Ärgerlich über seine Versunkenheit schritt er nach
dem Wartesaal I Cl., sich gewaltsam verbietend, an
die ganze, sonderbare Angelegenheit zu denken.

„Gaffee" ertönte noch immer des sprachfertigen Kellners Stimme, als er eben den Saal betreten und mitten im Gedränge der Passanten sich ihm eine Hand auf die Schulter legte.

„Wie Doktor, Sie hier?" frug es ihn.

„Ah, Rechtsanwalt Heinheimer," sagte Kahler zerstreut, einen kleinen Mann bemerkend.

„Wohin, mein Bester?" schrie der kleine behäbige Rechtsanwalt, um sich im Lärm verständlich zu machen.

„Operation in Frankfurt, reiche Bankierfamilie," erklärte der Arzt rasch.

„Ah!" rief Herr Heinheimer, man merkt, Ihr Ruhm vergrößert sich von Tag zu Tag; Sie sind ein berühmter Mann, eine Autorität . . ."

„Alter Herr — Schlaganfall," sagte Kahler ein wenig geschmeichelt, „werde das eine Auge herausnehmen müssen . . ."

„So, so! Gut, daß Sie nicht mich zu malträtieren brauchen — bin Gott sei Dank gesund," fuhr der joviale Rechtsanwalt fort, einen scheuen Blick auf den Instrumentenkasten werfend, „aber was ich Ihnen sagen wollte, werde morgen das Vergnügen haben . . ."

„Morgen?" frug Kahler zerstreut.

„In einer sehr wunderlichen Erbschaftsgeschichte," setzte der kleine Herr hinzu.

„Was?" stieß der Arzt erschrocken heraus.

„Hm? Mein Bester? höre in dem Lärm nicht gut," gab der Rechtsgelehrte zurück, indes der Menschenstrom die kleine Gestalt vier Schritte weit von der Thür wegriß.

„Sind Sie der Rechtsanwalt," stieß der Arzt hervor, „mit dem Fräulein Pöhn jene Erbschaftsan= gelegenheit ordnet?"

„Ah! Sie wissen schon? Das Fräulein hat Sie bereits besucht?" lachte der Rechtsanwalt, „desto besser, erspart Einleitung, kostet das Fräulein 3 Mark weniger! Seltsamer alter Kauz, der Todesverblichene — nicht wahr? Doch hören Sie, Ihr Zug pfeift — komme von Mainz — leben Sie wohl — auf morgen also —"

Der Jurist empfahl sich, das heißt, er wurde von der Menge hinweggewirbelt und der Arzt schritt wie im Traume seinem anfahrenden Zuge ent= gegen. Also Wahrheit! Es verhielt sich alles so, wie sie angegeben? Es ließ sich nicht mehr zweifeln? Erst als er, im Coupé sitzend, einmal rasch sein Etuis öffnete und ihm die wohlgeordnete Reihe der glänzenden Messer entgegenlächelte, kam wieder Sicherheit in seine Seele. Pflichterfüllung, das war es, das half ja auch ihr über den Jammer ihrer Tage hinweg! Pflichterfüllung bis zur Selbst= aufopferung!

Sein ganzes Denken konzentrierte sich mit einem gewissen Stolz auf den ernsten Krankheitsfall, den er jetzt in Frankfurt zu behandeln hatte, er fühlte Kraft in den Händen, Mut im Auge und es durchströmte ihn jene beruhigende, erhebende Empfindung, die uns ergreift, wenn unser Vollbringen unsrem Wollen die Waage halten kann. —

II.

Am folgenden Tag sehen wir Herrn Dr. Kahler
nebst Fräulein Pöhn vor einem baufälligen Hause
der Altstadt, aus einer Mietskutsche steigen und sehen
beide einen kleinen schmutzigen Hof durchwaten. Es
hatte geregnet, der Frühling war indes noch nicht
bis zu diesen alten Stadtmauern vorgedrungen, die
grau und schläfrig ihre rieselnden moosigen Steine
zeigten, wie Bettler, die hülfesuchend ihre Blößen
enthüllen. Emma befand sich in nicht geringer in-
nerer Erregung, die sie vergeblich vor ihrem Begleiter zu verbergen suchte; sie hörte wie im Fieber-
halbschlaf den Regen leise durch die morsche Dachkandel rinnen und sein eintöniges Lied singen; ein
feuchter Geruch von verfaultem Stroh drang aus
der Holzgalerie, über deren schwankende Dielen sie
beide jetzt wandelten, drüben an der zerbrochenen
Sprosse der Feuerleiter, die von verrosteten Klammern
getragen wurde, hing ein durchgeweichter Filzhut,
ein melancholisches Symbol geschwundener Herrlich-
keit; drunten die Gosse, in die sich der Brunnen entleerte, die Wäsche, die von der Galerie herabhing,
der graue Himmel und der fern über die Dächer der

Stadt herüberragende, in Duft gehüllte Kirchturm
vervollständigte das Bild trübseliger, mißmutiger
Einsamkeit und legte um das für Natureindrücke
empfängliche Gemüt des Mädchens eine bange, un-
geduldige Spannung. Der Arzt hatte sie gebeten,
einen Augenblick auf der Galerie zu warten, er wolle
sich vorher überzeugen, ob sein Patient bereits angekleidet sei.

So stand jetzt Emma allein auf der feuchten,
im Winde schwankenden Brücke und versuchte, das
beängstigende Herzklopfen der Erwartung zu unterdrücken, indem sie ihre ganze Aufmerksamkeit auf
ihre armselige Umgebung lenkte. War es ihr doch
zuweilen, als sei sie im Begriff, ein Verbrechen zu
begehen, doch sobald im hintersten Winkel ihres Bewußtseins eine derartige Empfindung aufsteigen wollte,
frug sie sich mit einem trotzigen Erstaunen, was denn
Verbrecherisches sei an einer Handlung, zu der sie
noch überdies durch außerordentliche Schicksale gezwungen werde? Und ob man denn, wenn man
über eignen Geist und Verstand zu verfügen habe,
sich nicht von der Meinung anderer emanzipieren
könne! Nein! sie wollte selbstständig sein, und begehe sie eine Thorheit — was kümmere es die Welt
wenn sie thöricht sein wolle?

So stand sie fröstelnd, von mannigfachen Vorstellungen gequält, und sah in den kleinen Hof hinab,
wo soeben zwei Ratten aus einer Maueröffnung
schlüpften und sich nach etwas Eßbarem umschauten.

Sie stützte sich auf das Geländer und verfiel für
einige Augenblicke in jene träumerische Geistesabwe-
senheit, wie sie uns öfter zu überfallen pflegt, wenn
wir nach langen, ermattenden Gemütskämpfen uns
zu einem gewagten Entschluß emporgerafft haben.

Der Regen rieselte weiter, die Dachkandel klagte
ihr eintöniges Lied, einige Sperlinge piepsten auf
dem Dache — ihr Geist ging plötzlich völlig in diese
dürftige Umgebung über, es war ihr auf einmal, als
sei sie zwischen diesen kahlen Mauern, dieser Wäsche,
diesen Besen, Eimern und ausgetretenen Treppen ge-
boren, als müsse sie nun bis an ihr Lebensende in
dieser von Schmutz und Armut strotzenden Häuslich-
keit verweilen — arm — elend; — ein entsetzliches
Angstgefühl sank auf sie nieder, sie hätte aufschreien
mögen, doch da kam der Doktor aus dem dunklen
Hausgange zurück, sie atmete erleichtert auf. So war
es nur ein böser Traum! Sie war nicht arm und
elend, sie hatte es sogar in ihrer Hand, reich, sehr
reich zu werden! Und sie mußte lächeln und sich
gestehen, daß es das Glück diesmal besser mit ihr
gemeint, daß der Reichtum doch nicht so verachtungs-
wert sei, wenn man eine kranke Mutter zu pflegen
habe.

Indes war Doktor Kahler, dessen Gesicht eine
gewisse Unruhe zeigte und der die Unstetigkeit seiner
Bewegungen zu verbergen suchte, näher gekommen.

„Wollen wir eintreten?“ frug er leise, „ich habe
mich erkundigt, er ist aufgestanden.“

Sie nickte und folgte dem Voranschreitenden durch einen schmalen Gang, eine Treppe hinab, dann wieder eine Treppe hinauf, bis sie vor einer Thür Halt machten, die in ihrem oberen Teile ein Glasfenster trug, unter dessen Scheibe eine Visitenkarte befestigt war.

Paul Steinacher, Kunstmaler, lautete die Aufschrift dieser Karte.

„Hier wohnt der arme Teufel," flüsterte der Arzt, „soll ich anklopfen?"

„Ich kann mich noch nicht entschließen, einzutreten," sagte sie ebenso leise.

Der Arzt entgegnete nichts, beugte sich vor und blickte einige Zeit durch das Glasfenster.

„Sehen Sie hier," sagte er dann zu Emma, die ihr Herzklopfen zu unterdrücken suchte, und deutete mit ernster Miene nach der Glasscheibe, „sehen Sie nur hindurch."

Emma zögerte ein wenig, stellte sich aber dann, da ihre Neugier den Sieg davontrug, auf die Fußspitzen und überblickte eine enge Kammer, in derem hinterstem Winkel ein verwahrlostes Bett stand. Dicht vor dem Fenster befand sich ein Tisch, an welchem ein schlanker, junger Mann von kaum zweiundzwanzig Jahren in sehr abgetragener Kleidung saß; er zeichnete oder wollte wenigstens zeichnen. Seine schmalen, krankhaft weißen Finger zitterten über das an das Fenster gerückte Reißbrett, zuweilen setzte er ab, fuhr sich seufzend über die breite Stirne und

sah dann mit müdem, erloschenem Blick hinaus auf
die Dächer und Schornsteine, die seine Aussicht bil=
deten. Dann suchte er sich emporzuraffen, Emma's
Herz krampfte sich zusammen, als sie beobachtete, wie
er den Stift fester zu fassen suchte, wie er die schmerz=
lich verzogenen Lippen, als wolle er sich zur höchsten,
letzten Kraftleistung anspannen, zusammenbiß, wäh=
rend sich sein großes Auge mit Thränen füllte. Als
sie länger in dies abgehärmte Gesicht geblickt, kam
es ihr vor, als habe sie diese Züge, über die der
Tod jetzt seinen geheimnisvollen Hauch breitete, ir=
gend wo schon einmal gesehen, obgleich sie sich auf
keine bestimmte Begegnung besinnen konnte. Doch
vielleicht, sagte sie sich, ist es nur das Mitleid mit
dem Armen, das mir die Täuschung vorspiegelt: ich habe
diesen unglücklichen Gesichtsausdruck schon einmal ge=
sehen.

Sie wollte sich, von peinlichem Mitleid ergriffen,
abwenden, als sie gewahrte, wie der junge Mensch
plötzlich einen unartikulierten Laut ohnmächtiger Wut
ausstieß, den Stift heftig von sich schleuderte und
darauf krampfhaft schluchzend in den Stuhl zurück=
sank, das Gesicht, in das die wirren, schweißtriefen=
den Haare herabhingen, mit beiden Händen bedeckend.
Emma traten die Thränen in die Augen, sie wollte
sich, wie von einer peinlichen Marterscene, abwenden,
und doch fühlte sie sich genötigt, den Unglücklichen
zu beobachten, dessen wild=naiver Schmerzensausbruch

einen eignen bestrickenden Reiz auf sie ausübte. Endlich wandte sie sich zum Arzt.

„Ich kann nicht bei ihm eintreten," sagte sie mit bebender Stimme, „gehen Sie allein! Teilen Sie ihm alles mit."

Der Arzt nickte, sie verließ ihn, blieb dann stehen und sagte, unruhig vor sich nieder sehend: „Es ist nur zu seinem Besten, Doktor, nicht wahr? Sie sehen das selbst? Wo ist da ein Unrecht?"

„Sie sind unschlüssig geworden," gab Kahler achselzuckend zurück.

Sie besann sich, ein wenig erblassend.

„Nein! Nein! gehen Sie nur, ich erwarte Sie im Wagen," stieß sie mit rauher Stimme, fast unverständlich hervor und ging.

Der Arzt hatte angeklopft; wie es seine Gewohnheit war, trat er, kaum das: Herein! abwartend, ein. Paul Steinacher ließ die Hände vom Gesicht gleiten und blickte mit finster drohendem, fast wildem Gesichtsausdruck nach der sich öffnenden Thüre, errötete aber sofort, als er den Arzt, seinen einzigen Freund, eintreten sah. Indem ein kindlich verschämtes Lächeln seine bleichen Züge belebte und indem er sich mühsam erhob, faßte er, ohne das Wort, das ihm auf der zuckenden Lippe schwebte, aussprechen zu können, nach seines Ratgebers Hand. Es lag etwas unbehülflich Demütiges in seinem ganzen Betragen, eine scheue, tiefgefühlte Dankbarkeit, die keine Worte fand. Doktor Kahler, sonst redselig, setzte sich diesmal schweigsam nieder, spielte mit seinem Stock und suchte das Gesicht abzuwenden.

„Sie sind heute so ernst, Doktor," begann der Maler nach einiger Zeit mit aufrichtiger Besorgnis, aber auch einer gewissen respektvollen Ängstlichkeit die Miene seines Freundes studierend, „mache ich Ihnen Sorge?" setzte er dann leise hinzu.

Der Arzt hob langsam den Kopf.

„Wie haben Sie geschlafen?" frug er dann ab- lenkend.

„Wie immer, nicht gut," sagte der zuweilen nervös mit dem Kopfe Zitternde, „ich träumte wüstes Zeug die ganze Nacht! Ich fühle mich matter denn je zuvor." Der Arzt griff nach dem Puls des Kranken. „Ich habe von Ihnen geträumt," setzte Paul leise hinzu.

„Von mir?" frug der Doktor zerstreut, ohne zu wissen, was er fragte.

„Ja," fuhr der Maler erregt fort, das Haupt beschämt zur Erde neigend, „die ganze Nacht quäl- te mich mein Gewissen, Doktor, ich lag mit mir selbst im Zank, ich ohrfeigte mich, mein Stolz trat vor mich hin und spie mir in's Gesicht; Du bist ein Undankbarer, ein ganz nutzloses Geschöpf, das von der Gnade Anderer leben muß, ich warf es mir vor, daß ich Ihre Hülfe in Anspruch nahm, ohne doch nur im Geringsten, nicht einmal durch ein Bild —"

Der Arzt, der erriet, wie sein Patient den Satz schließen werde, unterbrach ihn heftig.

„Wie oft habe ich Ihnen schon gesagt, daß Sie meine Hülfe gar nicht in Anspruch nehmen," entgegnete er mit ärgerlich-freundlichem Lachen. „Ich habe Ihnen meine Hülfe aufgenötigt, lieber Freund. Wie konnten Sie meine Hülfe in Anspruch nehmen, als Sie das Arsenik im Magen hatten und sich hier auf dem Fußboden vor Schmerz umher wälzten und mich der Schutzmann aus dem Bette holte! Da wußten Sie ja gar nichts von meiner Gegenwart, sondern lagen auf Ihrem Bett, stöhnten und riefen: Sie hätten nichts Eiligeres zu thun als in's bessere Jenseits abzureisen. Sehen Sie das nicht ein — —"

„Ja," wandte der Künstler tief aufseufzend ein, einmal wäre genug gewesen, aber daß Sie alsdann Tag für Tag kamen, mir Medikamente aufdrangen, die ich nicht nehmen wollte, mir für bessere Nahrung sorgten," die Stimme versagte ihm: kaum hörbar, den Kopf tief auf die Brust herabgedrückt, fügte er hinzu: „nein! das ertrag ich nicht länger! Das beschämt mich zu tief — —"

„Beschämen?" rief der Arzt jetzt beinah wirklich ärgerlich, „schämen hätten Sie sich vorher sollen, wie Sie das Gift an die Lippen setzten. Wissen Sie, das war ein ganz einfältiger Streich — —"

„Im Gegenteil, es war der vernünftigste meines Lebens," sagte der Künstler kopfschüttelnd, während

3*

er mit düstrem Auge vor sich niederstarrte, „und es war ein einfältiger Streich Ihrerseits mich wieder in's Leben zurückzurufen, das mir zur Qual geworden. Was soll ich nun im Leben beginnen!. Es ist auch nur Galgenfrist, denn glauben Sie Doktor, ich fühlte es nicht, daß mir der Tod bereits am Herzen frißt?"

„Unsinn," fuhr der Doktor dazwischen.

„Machen Sie nur kein solch' ungläubiges Gesicht, ich sehe es Ihnen an, das ich recht habe, mein Körper ist ruiniert, zerstört für immer. Die Dosis Gift war zwar nicht groß genug, um mir in einer Stunde den Garaus zu machen, dafür wirkt sie desto sicherer nach. Ganz behutsam — ganz langsam — " er lächelte ein ironisches mattes Lächeln und strich mit der Hand durch die Luft, als wolle er die geheimnisvolle Nachwirkung des Giftes hierdurch andeuten. Der Arzt wollte etwas Tröstliches entgegnen, der fieberhaft erregte junge Mann holte mühsam Atem, erhob sich und wankte, sich an den Möbeln zuweilen haltend, in dem engen Gemach auf und ab.

„O, wenn ich wieder Muskel und Nerv' hätte," klagte er, indes sein sonst so edeles Auge in krankhafter Glut schwamm, „sehen Sie hier diese angefangene Skizze — Antigone, wie sie zum Tode geführt wird — es ist meine beste Skizze, ausgeführt könnte mich dieses Gemälde mit einem Schlage zum berühmten Mann machen — sehen Sie nur, wie

sie sich an den Altar klammert, wie sie der rauhe
Kriegsmann packt, dieser Ausdruck in ihrem Auge —
das heißt, Sie sehen noch nichts — aber ich sehe
es — hier — hier im Kopfe — und wenn ich den
Stift ergreife — glauben Sie, ich brächte eine ver-
nünftige Linie heraus? Kaum zehn Minuten kann
ich den Stift halten — ja! kaum zehn Minuten,
es ist um wahnsinnig zu werden, kaum zehn Minuten —"

Die letzten Worte mit zitternder, thränenerstickter
Stimme hervorkeuchend, sank er hülflos auf sein Bett
nieder, das Haupt zwischen beide auf die Kniee ge-
stützten Arme gepreßt. Der Arzt legte gerührt seine
Hand auf die Schulter des Trostlosen und bat ihn,
sich zu beruhigen.

„Fassen Sie sich, mein Freund, es kann noch
alles besser werden," sagte er, „hören Sie mich an
— ich habe Ihnen eine merkwürdige Begebenheit
mitzuteilen — wollen Sie mich ruhig anhören —?"

Der Künstler ließ sein Haupt los, nickte mit
einem kindlich-bitteren Gesichtsausdruck, der ihm sehr
gut stand, vor sich hin und alsdann sich langsam
dem Arzte zuwendend, sagte er leise:

„Verlassen Sie mich nicht, Doktor — bitte,
verlassen Sie mich nicht, Sie sind mein einziger
Freund."

Den Arzt bewegten diese so einfach naiv ausge-
sprochenen Worte Pauls aufs Tiefste; er fühlte, wie
nie zuvor, daß sich dieses Kindergemüt mit seiner

offenen Hoffnungsseligkeit an ihn, den Verschlossenen, Strengen geklammert hatte, daß er einen großen Einfluß übte auf diese reine, hingebende Seele und dies erfüllte ihn mit einer seltsamen Weichheit. Die Thränen traten dem Manne in die Augen, als er die edelgeschwungenen Linien dieses von sanfter Trau= rigkeit überschatteten Gesichts mit dem Auge verfolgte und er faßte, von aufrichtiger Freundschaft bewegt, die Hand des Unglücklichen, sie innig drückend.

„Ach ja," flüsterte der Künstler von einer Stim= mung rasch in die entgegengesetzte verfallend, „es kann vielleicht alles noch besser werden, nicht wahr? Sie glauben es selbst, ich kann wieder gesund wer= den?"

Dr. Kahler nickte so heiter wie möglich, seine aufsteigende Rührung gewaltsam zurückdämmend.

„Armer Mensch," dachte er, „der am Rand des Grabes noch dem Traum des Lebens nachjagt."

„Ach! wenn Sie mich retten könnten, Doktor," fuhr der andere ermattet fort, die widerstrebende Hand des Arztes an die Lippen führend, „nur so lange mich am Leben lassen könnten, bis ich dies Bild vollendet habe — dann will ich ja gern ster= ben, nur noch soviel Kraft, um vier Wochen hin= durch den Pinsel führen zu können —"

Kahler atmete auf.

„Wissen Sie, mein Freund," fiel er rasch ein, „daß ich gekommen bin, um Ihnen diese Rettung, von der Sie sprechen, zu bieten?"

Da nun der Kranke freudig lächelnd aufzuhorchen begann, wich jedes Schuldgefühl, das ihn anfangs beklemmte, aus des Arztes Brust; er war im Begriff, diesem Unglücklichen eine Wohlthat zu erzeigen, ihm die letzten Tage seines Lebens zu verschönern, und das in der That innige, fast väterliche Freundschaftsgefühl, das er dem jungen Mann, kaum da er ihn kennen gelernt, entgegenbrachte, überwand seine letzten Zweifel. Voraussichtlich wird der arme Schelm innerhalb eines Monats sterben, sagte sich Doktor Kahler seufzend, doch darf ich deshalb ein Mittel unversucht lassen, das unter Umständen wenigstens sein Leben um einige Monate verlängern könnte? Die Heilkunde betrügt oft die scharfsinnigste Vorausberechnung. Wer weiß, wie lange ihn bessere Pflege am Leben zu erhalten vermag? Vielleicht wird es ihm in der That noch möglich sein, jenes Bild zu vollenden, dessen Skizze ihn nicht ruhig sterben läßt und wie dankbar wird er sein, wenn sein brechendes Auge auf dem vollendeten Bilde ruht!

Als der Arzt sich einen Augenblick hindurch in der Phantasie Fräulein Pöhn als die Gattin des Malers vorstellte, mußte er selbst nicht, warum ihm auf einmal ein bitteres Gefühl die Brust beklemmte und es ihm war, als müsse er sogleich das Zimmer verlassen. Ein Blick in das abgemattete Gesicht des Kranken verscheuchte ihm jedoch, so schnell wie sie gekommen, diese seltsame Unruhe und sich rasch überwindend, teilte er dem gespannt Lauschenden lächelnd

mit, da sei ihm in seiner Praxis ein höchst merk=
würdiger Fall vorgekommen.

„Ganz außergewöhnlich, mein Lieber,“ sagte er,
„und zwar geht die Sache weniger mich als Sie
an. Immer die Künstler, natürlich die Künstler,
die haben das größte Glück!“

Der Kranke frug lächelnd, was ihm Glückliches
denn bevorstehe, und der Doktor ging mit sich zu
Rate, ob er ihm die ganze volle Wahrheit sagen,
oder ob er der rettenden Arznei ein wenig täuschende
Süßigkeit beimischen solle. Auf diese Art gelangte
er rascher zu seinem Ziele, und durfte man einem
Arzte es verübeln, wenn er eine kleine Notlüge er=
sann, um das Leben seines Patienten zu verlängern,
unter Umständen zu erhalten? Wie oft war er in
die Lage versetzt worden, mittelst einer Unwahrheit
des Leidenden Loos zu erleichtern, z. B. die sehr
gefährliche Krankheit für gefahrlos zu erklären, und
hier sollte er dies Mittel, das schon seit dem alten
Galen jeder Arzt mit Erfolg angewandt, verschmähen?
Trotzdem entschied er sich für die Wahrheit, dann
aber erschien ihm die Sache doch gar zu wunderlich,
der arme Freund, sagte er sich, würde gewiß den
sonderbaren Heiratsantrag mit Entrüstung zurück=
weisen und sich nicht zum Werkzeug einer reichen
Erbin erniedrigen wollen.

Er schwieg und überlegte, ob er nicht besser thun
werde, seine Hände gänzlich aus diesem gefährlichen
Spiel zu lassen, aber ein Blick in das bleiche Gesicht

feines Freundes stieß diesen Vorsatz sogleich wieder
um. Hier mußte Rettung geschaffen werden, rief
eine Stimme seines Innern, er fühlte, daß ihn die
Zerstörung dieses unverfälschten, einst so lebensfrohen
Gemüts tiefer erschüttern werde, als alles, was
ihm seither Schmerzliches begegnet, obgleich er sich
nicht zu erklären mußte, weshalb er eigentlich diesen
lebhaften Anteil an Paul nahm. So entschloß er
sich denn mit der Tollkühnheit der Ratlosigkeit.

„Hören Sie," stieß er hervor, ohne recht zu
wissen, was er sagte, „da kam eine Dame zu mir
in mein Sprechzimmer; sie mußte, daß ich den
Maler Paul Steinacher in Behandlung habe, sie
will diesen hübschen Menschen irgendwo gesehen
haben und —" er zögerte einen Augenblick, neigte
dann den Kopf und fügte schelmisch lächelnd hinzu:
„nun warum soll ich es nicht offen heraussagen,
aus der Art, wie mich die Dame über Sie aus-
frug, ging hervor, daß sie eine lebhafte Neigung
zu Ihnen gefaßt hat."

Paul schüttelte ungläubig lächelnd den Kopf.
„Was Sie nicht sagen," warf er hin.

„Die Dame ist sehr wohlhabend," fuhr der
Arzt, ob seiner Fälschung der Wahrheit ein wenig
errötend, fort, „die Dame ist eine große Verehrerin
der Kunst — kurzum — warum soll ich damit
zögern —? Sie haben es ja längst erraten — die
Dame, die erfuhr, Sie seien krank, seien in schlechten Verhältnissen, die Dame frug mich, auf welche

Weise sie Ihnen nützlich sein könnte, ob sie etwas für Sie thun könne, ja sie ging noch weiter!"

„Bin ich dieser Dame in der That so interessant?" frug der Jüngling mit naivem Erstaunen.

Doktor Kahler nickte.

„Sie glaubt in Ihnen eine lebhafte Neigung voraussetzen zu dürfen, fuhr er fort, immer unruhiger auf seinem Stuhle hin und her rückend, „Fräulein Emma Pöhn läßt nun durch mich anfragen, ob sie sich betreffs dieser Neigung keiner Täuschung hingiebt —"

Paul unterbrach den Sprecher.

„Das wird immer besser," lachte er auf und der Arzt, durch dieses Lachen aus dem Zusammenhang gebracht, sah verwirrt zu Boden, während Pauls Stirne sich auf einmal zu verfinstern begann.

„Nun, nun, mein Freund," meinte der Arzt mit unsicherer Stimme nach einiger Zeit, „die Sache ist keineswegs lächerlich. Sie kennen die Macht, die der Künstler auf das weibliche Gemüt ausübt, Sie haben auch schon von den extravaganten Leidenschaften vornehmer Damen gehört. Warum soll eine solche Dame sich nicht in Sie verlieben dürfen? Was ist da erstaunlich? Warum soll sie eine solche Liebe nicht gestehen dürfen? Ich sehe überdies nicht ein, warum man dem Glück, wenn es endlich einmal eintreten will, verdrossen die Thüre schließen soll. Ob sich nun Fräulein Pöhn betreffs Ihrer Neigung täuscht oder nicht, jedenfalls sucht sie eine Annäherung und es wäre Thorheit von Ihnen, mein Freund, wollten Sie eine Neigung, durch die Sie mit einem Schlage aller Nahrungssorgen enthoben wären, zurückweisen. Wie gesagt, die Dame ist sehr reich, und —"

Paul richtete sich hastig von seinem Lager empor.

„Nicht weiter, mein Freund," unterbrach er den Sprecher, indem die Blässe seiner Wangen in erschreckender Weise zunahm und er rascher Atem holte, „ich kenne dieses Fräulein nicht, aber auch wenn ich sie kennte, und wäre auch ihre Neigung so tief, wie Sie sagten, und gäbe sie mir auch die Mittel an die Hand, glücklich zu werden, — nie —"

Er brach ab, fuhr sich mit der Hand seufzend durch die schwarzen, feuchten Locken und sank ermattet auf die Kissen zurück. Doktor Kahler schaute äußerst beklommen drein.

„Sie wissen noch nicht alles, mein Freund," stammelte nach einiger Zeit der Maler kaum hörbar.

Doktor Kahler hatte die Photographie Emma Pöhn's, welche ihm diese, ehe sie beide von Hause wegfuhren, eingehändigt, aus seinem Portefeuille genommen, hielt das Bild jetzt in der Hand und sah mit verlegen fragendem Blick zu dem in die Kissen Gesunkenen hinüber.

„Wie? Was weiß ich nicht?" frug er erstaunt, indes eine Ahnung in ihm aufstieg, als er des Kranken geisterbleiche Miene genauer beobachtete.

„Ach! Doktor," fuhr jener nach einiger Zeit

leise, fast verschämt fort. „ehe ich das Gift nahm
— o Gott! ich will es Ihnen gestehen — nicht
allein meine Armut war schuld an der verzweifelten
That —"

„Was?" rief der Arzt, als der Kranke abbrach,
„sollte auch hier wieder einmal — die alte Geschichte
— welche Thorheit —!"

Er schwieg, als wolle er sich ärgerlich zeigen,
und betrachtete dann den tief Atem holenden Freund,
mit melancholischem Lächeln. Der Patient schwieg
lange Zeit, das Gesicht mit beiden Händen bedeckend,
als schäme er sich, seine Gemütsbewegung zu zeigen.
Nach einer längeren Pause sprach der Doktor mit
weicher Stimme und in fragendem Tone das Wort:
„Liebe" aus, worauf Paul wie erschrocken empor-
fuhr und den Freund mit seinen großen, schmerzlich
leuchtenden Augen ansah.

„Nicht wahr, das ist Thorheit?" sagte er, wie
über sich selbst entrüstet, „ich weiß, es ist Thorheit.
Aber sehen Sie, uns Künstlern haftet ein einmal
gesehenes interessantes Gesicht so tief im Gedächtnis,
daß wir uns von dem liebgewonnenen Phantasie-
bilde nicht mehr zu trennen vermögen, daß es von
unserem ganzen Wesen Besitz ergreift, uns völlig aus-
füllt. Es war an jenem Tage, da ich hungrig und
sehr erschöpft nach dem Schlosse wandelte, um in
der Gemälde-Ausstellung mich durch geistige Genüsse
für die Entbehrung der körperlichen zu entschädigen;
das ist so meine Art, ich suche und finde Trost bei

ben toten Bilbern, bie sich vor meinen Blicken be=
leben. Ich war so ermattet, baß ich kaum bie Treppe
hinaufklimmen konnte, wanbelte bann wie betäubt
burch bie Säle unb suchte, inbem ich zuweilen von
meiner letzten Semmel aß, meine traurige Gemüts=
stimmung mittelst ber Phantasiewelt, bie mich um=
gab, zu verscheuchen. Ich brauche Ihnen meinen
jämmerlichen Zustanb nicht weiter auszumalen, nur
bas will ich hinzufügen, baß ein abscheulicher
Menschenhaß mir biesmal zu schaffen machte unb
ber Gebanke, was anbere in ber Kunst geleistet unb
mir unerreichbar bleiben sollte, mich biesmal ganz
besonbers bitter stimmte. Im letzten Saale traf ich
eine Dame, beren geistvoll schöne Gesichtszüge mir
trotz meiner Sinnenverwirrung auffielen. Sie stanb
vor einem mobernen Bilbe, einer Hero, unb ihr
ernstes, von tiefer Glut beseeltes Auge schien mehr
in sich hinein als auf bas Bild zu sehen. Die Dame
rebete mich an unb ich gab ihr, meinen Schwäche=
zustanb so gut es gehen wollte bemäntelnb, Ant=
wort. Ich weiß nicht mehr ausführlich, was sie frug
unb was ich antwortete, nur soviel weiß ich, baß
sie mich einmal, ba ihr wahrscheinlich mein schlechtes
Aussehen auffiel, mit sanfter Stimme frug: ob ich
krank sei. Ich schüttelte natürlich ben Kopf, ob=
gleich ich kaum auf ben Füßen stehen konnte. Trotz=
bem ich bie Welt wie burch einen Schleier sah unb
mir bie Ohren summten, bewegte ihre weiche Stimme,
ber mitleibige, so geistvolle Blick, ben sie auf mir

ruhen ließ, mein Innerstes. Kam es mir nur so
vor, oder verhielt es sich in Wirklichkeit so, es schien
mir, als wollte sie mir ein Anerbieten betreffs pe=
kuniärer Aushülfe machen, als wage sie dies jedoch
nicht. Die mitleidige Art, in der sie mit mir sprach,
flößte mir seltsamer Weise ein tiefes, geradezu pein=
liches Mitleid mit mir selbst ein, ich glaube, ich konnte
meine Thränen nicht länger beherrschen; ich benahm
mich in dem nervösen Zustande, der mich befallen,
beinahe kindisch. Ich weiß nicht, wie es kam, wahr=
scheinlich stand ich nicht mehr fest auf den Füßen,
ich glaube, sie hielt mich am Arme, oder that sonst
etwas, kurzum, ich saß auf einmal in einem der
Sessel, die zu allgemeinem Gebrauch aufgestellt sind.
Die ganze Scene ist mir übrigens in einen Nebel
gehüllt, ich könnte sie ebenso gut geträumt haben.
Ich sah noch ihr bestürztes, seltsam schönes Auge
in mein Auge blicken, hörte noch ihr Gemurmel:
„der arme Mensch!" Dann mag ich wohl die Be=
sinnung verloren haben, ich fand mich später, wohl
von einem der Saaldiener dorthingebracht, auf der
Steintreppe des Schlosses. Als ich nach meinem
Taschentuch griff, um mir den kalten Schweiß von
der Stirne zu wischen, fand ich zwei Fünfmarkscheine
in der Tasche. Wie ich nach Hause kam, weiß ich
nicht, doch es ergriff mich zu Hause in meinen kahlen,
liebeleeren Wänden eine solche Sehnsucht nach der
edelherzigen Freundin und zugleich ein so überwäl=
tigerbes Mitleid mit mir selbst, daß ich —" Paul

hielt inne, die Thränen drangen ihm in die Augen, seine Stimme zitterte, „nun, Doktor, Sie wissen am Besten," fuhr er, sich gewaltsam fassend, fort, „was alsdann geschah."

Da er, die Augenbrauen finster zusammenziehend, vor sich niederstarrte und schwieg, machte der Doktor eine abwehrende Bewegung auf dem Stuhl.

„Und die fremde Dame," redete er den Sinnenden an, „haben Sie nie wieder etwas von ihr gehört?"

Der Maler schüttelte den Kopf.

„Das sind romantische Träumereien, mein Lieber," fuhr der Doktor fort, „halten Sie sich jetzt wieder an die Wirklichkeit. Sie machen sich das weiß, daß Sie jene unbekannte Milbthätige lieben."

„Ich weiß auch nicht, ob ich sie liebe," entgegnete der Kranke träumerisch, „ihre Milbthätigkeit that mir nach dem vielen Schlimmen, Gehässigen, das ich erlebt, so unendlich wohl, erfüllte mich mit so hingebender Dankbarkeit. Und dann ihre Schönheit; wenn Sie diesen Kopf gesehen hätten, Doktor, Sie würden anders reden. Diese Feinheit, diese Durchgeistigung in allen Linien, dabei diese Weichheit des Mundes, während um die Augenbrauen ein reizender Trotz schwebte und die Augen so tief aufmerksam leuchteten — wer das gesehen, vergißt es nie wieder."

„Nun," unterbrach ihn der Doktor lächelnd, „jene Fremde, von der ich sprach, ist auch nicht zu verachten, wenn auch Ihr Phantasiebild, das Sie von jener anderen im Kopfe tragen, unerreichbar zu sein scheint für arme Sterbliche. Sehen Sie sich einmal das Gesicht Fräulein Pöhn's an, ich finde, diese Züge könnten einem Maler unter Umständen gefallen."

Er hielt Paul die Photographie entgegen, die dieser ohne Interesse, fast widerwillig ergriff, dann aber, da seine Hände nervös zitterten, zu Boden fallen ließ. Er bückte sich, das Bild aufzuheben, warf einen Blick darauf, zuckte wie vom Schlag gerührt zusammen und legte dann das Bild, während ihn eine tötliche Schwäche anzuwandeln schien, mit zitternden Fingern auf das Bett, auf das er langsam zurücksank.

Der Arzt sprang dem, wie von einem Krampfe Befallenen bei, spritzte ihm aus einer nebenstehenden Schüssel Wasser in das erblaßte Gesicht und frug erschrocken, was ihm denn fehle, was denn geschehen sei. Er erinnerte sich, daß er dem Kranken gestern durch einen Diener eine Flasche Portwein zugeschickt; nach dieser Flasche suchte er sogleich in allen Winkeln, fand sie auch schließlich hinter der Staffelei und flößte dem nun allen Ernstes in Ohnmacht Gesunkenen einige Tropfen ein. Die belebende Wirkung des Weins blieb nicht aus. Nach einiger Zeit begannen sich die Wangen des Ohnmächtigen zu röten, seine Augen verloren ihre verglaste Starrheit und indem er die Hand seines Helfers krampfhaft an die Brust drückte, bewegte er die Lippen zum Sprechen.

„Was wollen Sie sagen, mein Freund?" frug Kahler, der ihn nicht zu verstehen vermochte, mitleidig.

„Doktor, Doktor," brachte der Kranke mühsam hervor, „sie ist es!"

„Wer?" frug Kahler, der zu erröten begann, „es ist doch nicht —"

Der Maler nickte, während sich ein glückseliges Lächeln in seinen vergrämten Zügen Bahn brach.

„Ja, sie ist es, es ist dieselbe," flüsterte er „eben diese Augen, eben dieser Mund, so sah sie mich an — und Sie sagen, sie liebt mich —?"

„Wie? Es ist also jene Fremde, die auf dem Schlosse, vor dem Bilde mit Ihnen sprach?" frug Kahler und wußte selbst nicht, warum ihm bei dieser Vermutung das Blut in die Wangen stieg und ein fast an Zorn grenzendes Schmerzgefühl die Brust umklammerte.

Der Maler, der sich infolge der freudigen Erregung auffallend rasch von seiner Ohnmacht erholte, erklärte nochmals, daß er sich nicht täusche. Er ließ sich noch einmal die Photographie reichen, betrachtete sie mit inniger Aufmerksamkeit und sagte dann, während ein kindliches Lächeln seine Lippen kräuselte:

„Also habe ich ihr gefallen. Sie sagen, daß sie sich nach mir erkundigt, Doktor? Reden Sie doch! Teilen Sie mir doch ihre Schicksale, ihre Familienverhältnisse mit."

Kahler, der in ein trübes Sinnen verfallen war, bestätigte die Neigung des Mädchens und fügte ein paar flüchtige Bemerkungen über ihre Familie bei, mit sich selbst uneins, was er nun beginnen solle, ob er seine Lüge aufrecht erhalten oder dem unerfahrenen Jüngling die offene Wahrheit, die ganze unselige Erbschaftsangelegenheit auseinandersetzen solle. Endlich stand er, nach seinem Hut greifend, auf.

„Ich muß gehen, sagte er ein wenig rauh, „werde aber heute Mittag gegen 3 Uhr wiedererscheinen; wenn es Ihnen recht ist, begleitet mich Fräulein Pöhn.“

Der Maler, den die Aussicht jene unbekannte Wohlthäterin von Angesicht zu Angesicht wiederzusehen in eine momentane Aufregung versetzte, konnte kein Wort hervorbringen. Er begnügte sich, tief aufatmend mit dem Haupte zu nicken.

„Also bis heute Mittag,“ sagte der Arzt, als er bereits die Thüre geöffnet, „denken Sie über das Glück nach, das Ihnen bevorsteht, mein Lieber! Die Dame scheint ganz ernstliche Absichten zu haben — denken Sie an Ihre der Pflege bedürftige Gesundheit und vor allem an Ihr unvollendetes Bild —“

Der Arzt hatte diese Worte sehr hastig, fast unverständlich hervorgestoßen, die letzte Mahnung hatte er durch den Spalt der fast geschlossenen Thüre in das Zimmer hereingesprochen und war dann rasch von dannen geeilt. Er kennt

sie also bereits, er liebt sie, klang es in seinem
Innern nach, während er die finstre Galerie entlang schritt, aber wie thöricht, wie charakterlos,
einem Sterbenden diese Liebe verübeln zu wollen.
Gewaltsam lenkte er seine Gedanken von diesem ihm
peinlichen Gegenstande ab, bemerkte jedoch mit Verwunderung, wie ihm alle Gegenstände, an welchen
er vorübergehen mußte, in ein flimmernd rotes Licht
getaucht erschienen und seine Augen, oder seine
Sinne sich in einer Verfassung befanden, die ihn
mehrmals den Weg verfehlen ließ, der ihm doch
genau bekannt war. Das Nervensystem des jungen
Menschen ist überreizt, dachte er dann, er liebt
sie wohl kaum, das ist eine krankhafte, sentimentale
Anwandlung. Als er dann auf die Straße vor
den noch immer haltenden Wagen trat, durch dessen
herabgelassenes Fenster Fräulein Emma Pöhn, ihre
Erwartung verbergend, herausschaute, konnte er anfangs vor Herzklopfen kaum reden, bezwang sich
jedoch und berichtete, durch welche Lüge er sich aus
der Affaire gezogen. Emma sah ein, daß diese
Lüge eine Notwendigkeit gewesen und wußte, obgleich sie sich eines unbehaglichen Gefühls nicht zu
erwehren vermochte, nichts dagegen einzuwenden.

„Natürlich muß diese kleine Täuschung aufrecht
erhalten werden,“ mahnte Kahler, als beide Platz
genommen und der Wagen abfuhr. Emma schwieg,
auch Kahler war einsilbig und prüfte zuweilen das
ernste, schöne Antlitz des nachdenklichen Weibes.

4*

„Wie lange mag er noch leben?" frug sie nach längerem Stillschweigen.

„Einen Monat vielleicht," sagte Kahler achselzuckend, während er die heftigsten Gewissensbisse darüber empfand, daß er es nicht über sich gewinnen konnte, dem Mädchen von jenem Zusammentreffen im Ausstellungssaale und der Dankbarkeit des armen Malers zu erzählen, ebenso wie ihn bei der Aussicht, sein Patient überlebe den kommenden Monat nicht mehr, ein ihm unerklärliches Gefühl anwandelte, ein Gefühl, das er, da er den jungen Mann doch wahrhaft liebte, verdammen mußte, das er mit Gewalt verscheuchen wollte und das doch immer wiederkehrte.

* * *

Indessen lag der junge Maler auf seinem Bette, von einem Glücksrausch übermannt, der sein Herz beängstigte und ihn manchmal an seiner gesunden Vernunft zweifeln ließ. Wie? Träumst Du nicht dies alles? murmelte er manchmal vor sich hin. Oder hat dir die Nachwirkung des Arseniks die Verstandeskräfte verwirrt und du hältst Eingebildetes für Wirkliches. Aber hier stand noch der Stuhl, auf dem Kahler gesessen, noch klang ihm das Wort des Arztes im Ohr nach, und da lag sie ja noch, die Photographie, da blickten sie ihn an, die düsterschönen, geheimnisvoll-unheimlichen Gesichtszüge.

O diese Gesichtszüge, wie sie ihn während seines Krankseins verfolgt, wie sie auch in der tiefsten Be täubung aller seiner Sinne nicht von ihm wichen, und wie sie ihn anlächelten, wenn diese Betäubung einem leichteren Traum Platz machte. Aus dem einen edlen Charakterzug dieses Weibes konstruierte sich der Schwärmer den ganzen Charakter, und noch jetzt rührte ihn ihr mitleidiger Blick, der damals auf ihm geruht, zu Thränen. In seiner jugendlichen Phantasie stand sie wie ein überirdisches Wesen; seine Seelenleiden, Hunger und Schwäche hatten seine Liebe ins Krankhafte gesteigert

Also ein solches Glück stand wie ein Wunder plötz= lich vor ihm und wollte ihn an's Herz drücken und sagte: fasse zu, hier bin ich, Du hast lang genug ge= litten, ich will Dich erlösen. Und sollte er zugreifen? War es nicht beschämend für ihn, ohne Kampf den Sieg zu genießen? Er sah durch sein Dachfenster über die wirr durcheinander geworfenen Dächer, über= all rauchende Schornsteine, trübe Fenster, moosbe= wachsene Ziegel, Windeln und Geschirr, eine öde, traurige Welt gähnte ihn an, so weit er blickte, dürre, erdrückende Prosa! Und aus diesem engen Gefängnis konnte er sich befreien, nur eines Wortes bedurfte es, so führte man ihn in ein reiches, glän= zendes Leben! Ach! und er gesundete vielleicht noch! War es ihm doch, als durchströme ihn jetzt schon ein nie gekanntes Jugendfeuer; die Aussicht, sein Bild zu vollenden, an der Seite eines geliebten Weibes zu wandeln, sie war schon hinreichend, ihn mit jenem stürmischen Lebensmut zu erfüllen, der den phantasie=

vollen Künstler zuweilen mit göttlicher Kraft überfällt. Und wenn sie ihn wirklich liebte — ihr Wort,
ihre Miene mußten es ja beweisen —! Und warum
sollte sie ihn nicht lieben? Sprach doch schon damals, als er in der Bildergalerie auf einen Stuhl
gesunken war, eine so tiefe Teilnahme aus ihrem
Auge, konnte sich diese Teilnahme nicht mit der Zeit
vergeistigt, verstärkt haben? Und wenn sie ein seltsam geartetes Weib war, einen außergewöhnlichen
Charakter besaß — was schadete dies! sollte das
ihn abhalten, sie zu lieben? Konnten Untiefen und
Absonderlichkeiten des Charakters einer Ehe nicht
erst einen außergewöhnlichen Reiz verleihen? War
er doch auch kein Philister, der immer nur die breite
Heerstraße des Gewöhnlichen liebt, suchte er doch mit
Vorliebe das Abenteuerliche.

Und dann sein nagender Ehrgeiz — wenn das
Bild vollendet vor ihm prangte, allen Meistern mit
seiner leuchtenden Farbenpracht zurufend: Seht, das
hat ein seither Unbekannter, Verachteter geschaffen!
Paul stand auf und schritt, wie im Fieber an allen
Gliedern zitternd, in dem engen Gemach auf und
nieder, zuweilen halblaute Worte vor sich hinmurmelnd.
Bald verwarf er den ganzen Plan als seiner unwürdig, bald war er freudeberauscht mit allem einverstanden, selig in dem Gedanken, ihr Sklave zu
sein, und als jetzt Luise, die Tochter seiner Haus-
wirtin mit dem Mittagessen ins Zimmer trat, sah
er sie so geistesabwesend an, daß das Mädchen ganz

erschrocken frug, ob sie den Arzt rufen solle? es scheine, als ob ihm unwohl sei.

Paul, der dem Mädchen, da es ihn während seiner Krankheit treu gepflegt, Dank schuldete, griff ihm lächelnd unter das Kinn und bemerkte in seinem trunkenen Zustande nicht, wie dem Kinde fast die Thränen in die Augen traten, er richtete, ohne recht zu wissen, was er sagte, stammelnd ein paar freund= liche Worte an sie und war in seinem Taumel nahe daran, ihr die Ereignisse, die ihm bevorstanden, mit= zuteilen. Er frug einmal, was sie wohl dazu sagen werde, wenn er Hochzeit halte, und gab dann in so humoristisch=verwirrter Weise ein paar Andeutungen, betreffs zu erwartenden Reichtums, daß Luise ihm wirklich mehrmals mit unverholener Angst in die Augen sah. Endlich bemerkte er selbst, daß man ihn heute nicht verstehen werde und er lenkte lachend von diesem Thema ab.

„Luise, wirst Du mir endlich einmal Modell stehen?“ frug er sie, ganz versunken die Photographie Emma’s betrachtend.

Das Mädchen stellte die Schüsseln auf den Tisch, strich sich die Schürze glatt und sagte dann:

„Ach! Herr Steinacher, keinem thäte ich das, aber Ihnen recht gern, doch Sie wissen es ja, er will es nicht leiden.“

„Dein Bräutigam? nicht wahr?“ warf er zer= streut hin.

„Ja,“ entgegnete sie verschämt.

Paul betrachtete immer noch entzückt die feinen Züge Emma's und bemerkte, wie in einer Märchenwelt befangen, nicht, welch verzehrenden Blick Luise auf ihn richtete, indem sie halb abgewendet von ihm that, als müsse sie eifrig den Mittagstisch ordnen. Luise besaß einen Körperbau, der in seiner graziösen Kraft und Zartheit halb an den niederen Stand, dem sie angehörte, halb an aristokratische Geburt gemahnte, sie hatte etwas von einer Herrin und zugleich Dienerin.

„Weißt Du," begann der Maler von neuem gleichgültig, „ich brauche Dich für mein neues Bild. Du hast so freie, kräftige Züge, hast auch ein wenig Trotz im Auge, ganz wie es jene Griechin haben müßte."

Dann unterbrach er sich und wendete sich nach ihr hin, so daß sie gerade noch Zeit hatte, mit Blitzesschnelle ihren heiß-schmachtenden Gesichtsausdruck, der an dem Maler hing, in einen gleichgültigen zu verwandeln.

„Sieh, wie gefällt Dir dies Mädchen," rief er fast übermütig und hielt Luise die Photographie Emma's entgegen.

„Ach, die ist schön," sagte Luise bescheiden, als denke sie nicht daran, selbst zu gefallen.

„Gefällt sie Dir?" fuhr er fort und küßte das Bild.

„Ist das Eure Braut?" fragte sie, ohne Eifersucht zu empfinden, fast resigniert.

„Kann sein," sagte er lachend, strich dann dem Mädchen über die dichten Stirnhaare und sagte zu der Errötenden: „Sieh, wenn Du mir sitzen willst, machst Du Dir den Hals etwas frei, nicht wahr?"

„Ach nein!" sagte sie erglühend.

„Nicht?" fragte er leise.

„Nun ja, Ihnen thue ich es," fuhr sie fort.

„Und die Haare läßt Du frei über den Nacken strömen," begann er wieder.

Sie nickte ergeben.

„Und die Arme lässest Du entblößt," setzte er träumerisch hinzu.

Die großen Augenlider gesenkt, stand sie vor ihm regungslos, nur daß es manchmal über ihre schönen, energischen Züge zuckte. Er betrachtete sie, an Emma denkend und versank in Schweigen, bis sie plötzlich ihre Augen zu ihm emporschlug.

„Ich muß jetzt gehen," sagte sie; „wenn mich Heinrich hier aufsuchte!"

„Heinrich?" fragte er, „ach! Dein Bräutigam, der Schreiner, der Gehülfe Deines Vaters — nicht wahr?"

Sie nickte wieder.

„Er ist schrecklich hitzköpfig," sagte sie, „er brächte mich um und brächte auch Sie um, wenn er —" sie brach verlegen ab.

„Nun —?" fragte er.

„Nun — wenn er Verdacht schöpfte," fuhr sie leise fort.

„Verdacht?" sagte Paul zerstreut, „warum Verdacht?"

„Sonst ist er gut," sagte sie, „aber das Raufen
kann er nicht lassen — erst vorgestern mußte ich
ihn im Wirtshaus zurückhalten, daß er nicht drein-
schlug — aber er ist sonst wirklich gut und giebt
seinen letzten Heller her für mich."

„So liebst Du ihn wohl sehr?" warf Paul hin.

„O ja," meinte sie lachend, „warum nicht. Er
ist nur gar zu streng. Da ist doch nichts Schlimmes
dabei, wenn ich Ihnen einmal sitze — nicht wahr?"

Kaum hatte sie geendet, als heftig an die Thür
gepocht wurde.

„Gott, das ist er," rief sie erbleichend und klirrte
absichtlich heftig mit dem Geschirr.

Paul öffnete die Thür; ein krausköpfiger, rot-
hariger Mensch in Hemdärmeln stand vor ihm, mit
verdrießlicher Miene in das Zimmer schielend.

„Luise, wo bleibst Du," rief er, „Dein Vater
sucht Dich — wird's bald —"

Sie raffte verlegen, die Augen schuldbewußt
niederschlagend, die Serviette zusammen und entfernte sich. Paul hörte noch, als er die Thüre geschlossen auf dem Hausgang die zurechtweisende Stimme
des jungen Menschen. —

Als Luise nach einer halben Stunde wieder in
Pauls Zimmer trat, um den Mittagstisch abzudecken,
hatte sie verweinte Augen und erzählte, Heinrich habe
erklärt, er würde sie totschlagen, wenn sie nur ein

einziges Mal Modell stehe. Ach! er sei gar zu
streng, aber wirklich herzensgut.

Paul, der mittlerweile einen Brief von Rechtsanwalt Heinheimer erhalten, ließ die Auseinandersetzungen des Mädchens gänzlich unbeachtet. Sein
Geist weilte bei der bevorstehenden Zusammenkunft
— heute Abend um sechs wollte Emma ihn besuchen.
Er lag auf seinem Bett, wie an allen Gliedern gelähmt, ein süßer Schwindel zog an seiner Stirn
vorbei, sein Herzklopfen wuchs ins Unerträgliche
und manchmal glaubte er zu ersticken, so preßte ihm
die Erwartung, die Aufregung, die krankhafte Liebe
die Brust. Was er nicht alles sagen wollte! wie
er ihr danken wollte für ihre Teilnahme, wie zum
Sterben weich es ihm um's Herz ward! er fürchtete,
er werde dieses Wiedersehen nicht ertragen. Und
so kamen und flohen die Stunden, bis gegen 6 Uhr
ein dumpfes Rollen von der Straße herübertönte
— und bald darauf die Treppe des Hauses von
langsamen Schritten erknarrte.

III.

Frau Steinacher, geb. Emma Pöhn hatte die
prunkvoll eingerichtete Wohnung ihres verstorbenen
Onkels, die vor der Stadt lag, bezogen. Wir
finden sie in dem Gartensaal auf einer Chaiselongue
ruhen, von wo aus sie, einen Roman in den Hän=
den haltend, zuweilen den etwas müden Blick über
die im Frühlingsschmuck prangenden Blumenbeete
des Gartens streifen läßt.

Ein Gähnen unterdrückend, schloß sie alsdann
das nicht sehr interessante Buch eines modernen
Schriftstellers und griff nach ihrer Lieblingslektüre,
dem Philosophen Schopenhauer. Sie hatte sich
dessen Werke prächtig einbinden lassen; aus einer
Ecke des Zimmers blickte der Gypskopf des Philo=
sophen mit seinem sarkastischen Lächeln zu ihr her=
über. Auf Anraten Dr. Kahlers bemühte sie sich,
den Lebensgenüssen ein wenig mehr Geschmack ab=
zugewinnen; sie hatte bereits mehrere Theatervor=
stellungen besucht, hatte, da es jetzt ihre Mittel er=
laubten, mehrere Ölgemälde angeschafft, sich über=
haupt völlig den Erhebungen der Kunst und der
Litteratur hingegeben. So verbrachte sie ihre Tage

in geistvoller Einsamkeit, die nur zuweilen durch
den Besuch Doktor Kahlers unterbrochen wurde, der
ihr anfänglich manchmal von dem Befinden ihres
Gemahls Nachricht brachte.

Paul Steinacher, der seinen Tod herannahen
fühlte und dessen Dankbarkeit und Liebe zu seiner
schönen Retterin sich, als sie ihn besuchte, in's Maß-
lose gesteigert, hatte nach einigem Zögern in die
Ehe eingewilligt. Emma war es sehr schwer gefallen, dem jungen Menschen gegenüber ihre Rolle
durchzuführen, aber das Mitleid, das sie ihm entgegenbrachte, wurde, ohne daß sie es ahnte, von
seiner Seite als tiefe Neigung aufgefaßt, auch hütete
sie sich, länger als unbedingt notwendig erschien, mit
ihm zu sprechen, oder auf seine Gefühlsergüsse einzugehen.

Am Tage, da beide auf das Standesamt fuhren,
versagten dem Kranken, den der Ernst, die Wichtigkeit des Moments in ein Fieber gestürzt, fast
die Kräfte, sich aufrecht zu erhalten. Emma that
alles, um ihm diesen Schritt zu erleichtern, sie
redete kaum ein Wort, sondern drückte sich toten-
bleich, fast dem Weinen nahe, in die Ecke des Wagens,
sich zuweilen besorgt nach dem wie berauscht dasitzenden Jüngling umwendend, der ihr manchmal
still die Hand drückte und der ihre scheue Zurückhaltung in seinem fieberhaften Zustand kaum bemerkte, oder sie für eine tiefe, seinen Leiden ge-
zollte Ehrfurcht hielt. Gleich nach der Vollziehung

der Formalitäten brachte Doktor Kahler den Kranten in eine mehrere Stunden von der Stadt ent-
fernt liegende Heilanstalt. Rührend war es, wie
der Kranke während dieser Fahrt seinem Begleiter
sein übervolles Herz ausschüttete, das Beste von
diesem Aufenthalt in freier Bergluft hoffte und in
eine Art Verzückung verfiel, wenn er auf seine
Retterin zu sprechen kam, von der er nicht wußte,
was er mehr preisen sollte, ihre Schönheit, ihren
Edelmut, oder ihre Liebe.

An Frau Steinacher's Geist zog, während sie
auf dem Divan ruhte, die ganze Bilderreihe dieser
glücklich überstandenen Tage vorüber und es
fiel ihr dabei selbst auf, wie wenig Teilnahme sie
eigentlich dem Todkranken nun, da sie ihn schon
seit Wochen nicht mehr gesehen, entgegenbrachte.
Paul schien liebenswert, kindlich, von edler Gestalt;
aber sie bemerkte seine guten Eigenschaften mit jener
Gleichgültigkeit, wie man sie etwa schönen Statuen
gegenüber empfindet. Er interessierte sie nicht und
sie war ein Weib, dessen Interesse nur durch außergewöhnliche Charaktereigentümlichkeiten erregt werden
konnte. Als sie so vor sich hinträumte, brachte
die Dienerin einen Brief, der den Stempel jener
Heilanstalt, Michelstadt, trug. Alle acht Tage lief
ein solcher Bericht ein, den Frau Steinacher, da
sie doch wußte, was er enthielt, meistens ungelesen
bei Seite legte. Auch diesmal überflog sie das
Schreiben sehr rasch, da der Leiter der Anstalt, wie

er es jedesmal zu thun pflegte, in kurzen Worten
andeutete, auf Besserung sei kaum zu hoffen, die
Schwäche nehme eher zu als ab.

Emma stand von dem Divan auf, band einen
leichten Strohhut um und überschaute von der
Terrasse ihre herrliche Besitzung. Fern schimmerten
die Dächer der Stallungen; ein Wink genügte, um
den elegantesten Landauer vor das Portal der
Villa zu rufen; auf dem Teiche wiegten sich Schwäne,
der Wald, die Wiese, der kleine Tempel gehörte
ihr, die prunkvollen Zimmereinrichtungen, die aus-
gesuchten Speisen, die Dienerschaft, das alles stand
ihr zu Gebote.

Aber dort hinten, über dem reich ornamentierten
Hausgang, warf immer wieder jene geheimnisvolle
Thüre ihren dunklen Schatten in all die Pracht
der reichen Frau, wie sie ihn bereits über das ganze
Leben des Mädchens geworfen. Emma wandte ihr
Auge von dem Kronleuchter, den schwellenden Sammt-
divans ab und fühlte wie nie zuvor die Wahrheit
der Lehre von der Nichtigkeit aller irdischen Herr-
lichkeit. Ja, es kam ihr vor, als fühle sie sich
nun mitten in diesem Glanz unglücklicher, gedrückter
als früher in der engen, dunklen Wohnung, die
von Straßenlärm wiederhallte. Eine tiefe Melancholie
überschauerte sie, wenn sie bedachte, was ihr nun
all dieser Reichtum nützte, daß er sie nicht gefördert,
ihr Denken nicht umgewandelt, daß da immer noch
eine unerklärliche Leere blieb und daß die unselige

Frau dort in dem verdunkelten Gemach, trotz der besseren Speisen, die sie jetzt genießen konnte, so unselig blieb, wie sie es seit Jahren gewesen.

Der Widerwille gegen das Leben, der in Emma's Gemüt schon so oft aufgetaucht, erhob sich jetzt mit voller Gewalt, bestärkt durch die modernen, pessimistisch-philosophischen Werke, die sie gelesen, und an denen sie sich geradezu geweidet. Sie besaß trotz aller Geistes- und Charakterstärke nicht genug innere Widerstandsfähigkeit, die Gedanken jenes Lieblingsphilosophen zu verarbeiten, zu überwinden; diese Gedanken überwältigten sie, sie gab dem düstren Weltweisen in allen Stücken unbedingt recht, was bei ihrer Lebensweise, ihren traurigen Lebenserfahrungen nicht wunder nehmen konnte. Den Unglücklichen zieht, sobald er tiefer nachdenkt, das Unglück an.

Als sie sich jetzt in das Zimmer zurückbegab, um nach ihrer Mutter zu sehen, erwachte von neuem in ihr der entsetzliche Plan, den sie früher schon oft gehegt. Als sie in das dunkle Zimmer der Kranken trat und die weißharige Frau mit dem stumpfen Blick im Bette liegen sah, überkam sie geradezu ein Trotz gegen das Schicksal, und als sie jetzt der Hülflosen, die nur noch aß und schlief, eine Tasse Chokolade reichte, als sie sah, mit welch' tierischem Heißhunger die Erbarmungswürdige auf die Nahrung zufuhr, überkam sie ein grenzenloses Mitleid, ein Ekel vor der ganzen Weltordnung.

Sie ordnete das Lager der Mutter, säuberte sie
und behandelte sie völlig wie ein Kind. Und diese
Dienste leistete sie nun schon seit Jahren, und die Ärzte
versicherten, die Kranke würde ihren elenden Zustand
noch Jahre lang zu ertragen haben, ehe der Tod
sie befreite. Die Mutter lallte, indem sie sich an
der Tochter hielt, ein paar Worte, die von einem
momentanen Angstgefühl Kunde gaben, die Tochter
suchte sie zu beruhigen, strich ihr das weiße Haar
aus der Stirne und blieb so lange an dem Bette
stehen, bis die alte Frau in ihren gewöhnlichen
Schlummer gesunken war. Dann erst verließ sie
auf den Zehen das Gemach.

Doch in welchem Seelenzustand befand sie sich,
als sie sich jetzt in die Polster des Divans warf,
wie himmelschreiend erschien ihr die Grausamkeit
des Schicksals, wie berechnend erschien ihr dies
Schicksal, da seine Tücke sie mitten in dem Reichtum
nicht losließ, im Gegenteil, der giftige Stachel jetzt
nur desto grimmiger bohrte. Die Vergoldungen
der Möbel beleidigten sie, die gemalten Amoretten
des Plafonds erweckten ihren Zorn und sie ver=
brachte die Stunden dieses Nachmittags wie im
Halbschlaf, in einem dumpfen, erdrückenden Traum=
zustand, der ihr alle Energie des Handelns raubte.
Gegen Abend raffte sie sich empor, um auf dem
Flügel einige Akkorde anzuschlagen, die ihre trübe
Stimmung verscheuchen sollten, aber dieselbe nur
noch mehr verdüsterten; die wenigen Stücke, die sie

zu spielen vermochte, waren bald gespielt. Nach
einiger Zeit ruhten ihre schönen schlanken Finger
auf den weißen Tasten, ihr fein geschnittenes Profil
senkte sich gegen den Notenhalter herab, um sich
dann zu der über dem Klavier hängenden Raphaeli-
schen Madonna emporzurichten. Die Kerze beleuchtete den Kupferstich ziemlich deutlich und Emma's
Auge füllte sich mit Thränen, je länger es in das
Antlitz der Himmelsmutter blickte, deren milde
Ruhe lebhaft kontrastierte mit ihrem eigenen zer-
wühlten Innern.

Zusammenzuckend stand sie auf, es war ihr, als
ob aus dem Glase des Bildes ein ernstes Männer-
gesicht auf sie herniedergeschaut, ernst fragend, wie
vorwurfsvoll! Ja, sie mußte es sich gestehen, er
hatte ihr imponiert, der ernste, praktische Mann
mit dem mildstrengen Auge und sie war die Frau
eines andern geworden, trotzig hatte sie seine Annäherung zurückgewiesen, um nur ihre sogenannte
Selbstständigkeit zu wahren. Aber begehrte er sie
denn wirklich? er zeigte sich stets so verschlossen,
drückte sich immer so nüchtern kurz aus. Teilnahme
brachte er ihr entgegen, daran zweifelte sie nicht,
ob mehr als Teilnahme, danach zu fragen war ja
jetzt überflüssig; es war geschehen, das nicht mehr zu
Ändernde, sie hatte ihren Willen durchgesetzt, sie
stand allein, einsam inmitten des Glanzes, des
glänzenden Elends. Und jener Ferne? Kranke?
Ein unleibliches Schmerzgefühl durchbohrte ihr die

Bruft wenn sie bedachte, in welch beunruhigender
Lage sie sich befand — einem totkranken Manne
angetraut, der sie innig liebte — sie selbst die Liebe
zu einem anderen im Herzen —!

Sie fühlte sich bedrückt, wie von einer schweren
tiefen Schuld; manchmal, wenn sie nach einer Aus=
sicht aus dieser erdrückenden Enge spähte, überkam
sie das Herzklopfen der Verzweiflung, es war ihr,
als habe sie sich die Kehle zugeschnürt, und als sie
jetzt in ihr Schlafgemach eilte, schluchzte die Cha=
rakterstarke laut auf, da sie das Bild ihres Mannes,
das er einst eigenhändig entworfen, über ihrem Bett
hängen sah. Doch bezwang sie diesen Ausbruch so
rasch wie er gekommen, betrachtete aber lange Zeit
in düstres Sinnen verloren den schönen, jugendlichen
Gatten, die unentweihten, edelgeformten Züge seines
naiven, kindlichen Angesichts.

Du warst Deines Glückes Schmied, rief sie sich
zu, du hast es nicht anders gewollt und kannst nun
nichts thun, als das Kommende mit Gleichmut er=
warten! Das Kommende! Ja, was sollte denn
kommen? Wann würde er sterben, der kranke junge
Mann?. Und wie häßlich, ihm den Tod zu wün=
schen. — Sie hatte sich eine einfache Abendmahlzeit
reichen lassen und warf sich nun unausgekleidet auf
ihr Bett, den Kopf in die Hand gestützt, zuweilen
den schlaftrunkenen Blick auf jenes Bild. Pauls
werfend.

Warum konnte sie nicht wenigstens zufrieden sein!

Jeder anderen würde der Gedanke, Herrin dieses reichen Hauses zu sein, das Peinliche der Verhältnisse überdeckt haben, sie jedoch, eigenartig angelegt, erfreute es nicht an die Prachträume, die Ställe, die Kunstwerke zu denken, die ihrem Willen zur Verfügung standen. — Die reich vergoldete Lampe zuckte, da das Fenster offen stand, im Hauche der Frühlingsnacht, eine Nachtigall begann draußen ihr klagendes Lied. Die Thüre, die in das Zimmer der Mutter führte, blieb wie immer auch diesmal die ganze Nacht hindurch geöffnet, sodaß Emma jeden Atemzug der Kranken zu belauschen vermochte. So zwischen Schlaf und Wachen blätterte sie in der Philosophie des Unbewußten von Hartmann, die ihr bis jetzt noch unbekannt geblieben und sie erstaunte über die Folgerichtigkeit, mit der dieser Denker den Pessimismus durchführte. Dazwischen frug sie sich, wenn ihr Blick das Bild Pauls traf, ob sie denn diesem seelenvollen Auge wünschen solle, sich auf immer zu schließen? Ob dieser schöne Mensch wirklich dem Tode verfallen sei? Welche Qual, an solche Dinge denken zu müssen! Bist du denn so gewissenlos, einem armen Unglücklichen den Tod zu wünschen? Wenn du ihn auch nicht liebst, das Leben mußt du ihm gönnen, — aber daß in dir solche düstere Fragen erwachen, ist schon abscheulich. Und sie wußte recht gut, warum sie in ihr erwachten, sie verfolgte jenen einen heißen Wunsch bis in die tiefsten Labyrinthe ihrer Brust, um dann endlich ihre

Gedanken mittelst eines gewaltsamen Rucks von der ganzen Last des Nachgrübelns zu befreien.

Es mochte gegen ein Uhr sein. Drüben im Salon rief die Pendüle mit ihrer silbernen vornehmen Stimme die Stunde; auf Emma's Auge hatte sich ein unruhiger, flüchtiger Schlaf herabgesenkt. Die Lampe beleuchtete ihr in die Kissen zurückgesunkenes, so interessantes Haupt, ein wegwerfender spöttischer Zug kräuselte die schönen Lippen und ließ die Nasenflügel leise erzittern, regelmäßig hob sich ihre Brust, als sie plötzlich emporzuckte. Horch! ein Stöhnen! Wo? O Gott! ist's möglich? drüben? Bei der Mutter? Noch einmal! Sie ergriff zitternd die dem Erlöschen nahe Lampe.

„Luise!" rief sie stammelnd nach der Dienerin und eilte von zurückgebrängtem Schauder durchrieselt nach dem Schlafgemach der Mutter. Jetzt erinnerte sie sich, als ob sie im Halbschlafe habe rufen hören und als wenn dann ein dumpfer Fall erfolgt sei. Kaum hatte sie in atemloser Hast das Gemach betreten, als ihr der schmerzlichste, peinlichste Anblick das Herz zusammenschnürte. Die kranke Frau lag außerhalb des Bettes am Boden und starrte mit ausdruckslosen, angstvollen Blicken der Kommenden entgegen.

„Sie kommen, sie kommen, die Schwarzen," wimmerte die hagere, jammervolle Gestalt der alten Frau unter den aus dem Bette gefallenen Tüchern hervor, indem sie vor dem näher herantretenden,

zum Tode erschrockenen Mädchen zu fliehen suchte.
Ein Traum, oder eine ihrer krankhaften Phantasie=
vorstellungen mußte die Unglückliche veranlaßt ha=
ben, das Bett verlassen zu wollen, was ihr in ihrer
Schwäche nicht gelingen konnte. Emma, von herz=
zerreißendem Mitleid erfüllt, half der alten Frau
aus dem Gewühle der Kissen und hob sie, ihrer
durch ähnliche Hülfleistungen erstarkten Kraft ver=
trauend, vom Boden auf. Es gelang ihr, die sich
nun nicht mehr Sträubende wieder in das Bett zu=
rückzutragen. Hier niedergelegt, streichelte dies un=
glückliche Wesen, unartikulierte Laute der Zärtlichkeit
ausstoßend, die Wange ihres besorgten Kindes, das
sich mit Thränen in den Augen zu ihr herabbeugte.
Emma redete kein Wort. Nicht nur, daß die Mutter
sie doch nicht verstanden haben würde, das Herz war
ihr zu voll.

Da bemerkte sie, als sie das Haupt der Mutter
an die Lippen drückte, daß sich auf dem Nachtge=
wand ein blutiger Flecken gebildet. Sollte sich die
Arme beim Fallen an der Bettkante verletzt haben?
Entsetzt prüfte sie, woher das Blut stamme und ent=
deckte schließlich am Hinterhaupte der Frau eine
Wunde, aus der das Blut über die weißen Haare
herabsickerte, das dünne, hellrote Blut einer Greisin.
Dieser Anblick, der zu einer anderen Zeit vielleicht
nur einen vorübergehend peinlichen Eindruck auf
Emma gemacht haben würde, quälte sie nun in
ihrer jetzigen Gemütsstimmung derart, daß sie gegen

sich selbst die bittersten Anklagen schleuderte, als sei
ihr die Schuld jenes Unfalls zuzuschreiben und wäh=
rend sie die Wunde mit einem Schwamme auswusch,
zuckte sie zuweilen zusammen, als habe sie und nicht
die Mutter den Schmerz zu tragen. Alsdann ver=
band sie, so gut sie es vermochte, die wunde Stelle,
setzte sich neben das Bett und beobachtete, welche
Folgen die kleine Verletzung nach sich ziehen werde.
Sie wußte selbst nicht wie es kam, der blutgetränkte
Schwamm, das zeitweilige Stöhnen der Verletzten,
die ganze eben erlebte Überraschung, die pessimistische
Lektüre, alles das drang mit solcher Gewalt auf
ihr Gemüt ein, daß der schon oft in ihr aufgetauchte
Gedanke: Bewußtlosigkeit sei das höchste Gut! nun
plötzlich mit überwältigender Macht an ihr Herz
stürmte. Eine Art Vernichtungsdrang überschauerte
sie, das ganze Leben schien ihr völlig bedeutungslos,
farblos; und was verlor denn diese Unglückliche, wenn
sie die wenige Vernunft, die ihr geblieben, völlig
einbüßte? Und sie, das Kind der Bejammernswerten,
was verlor denn sie, wenn sie sich den sogenannten
Genüssen des Lebens entzog? Entzog sie sich nicht
auch den Schmerzen? Und überwogen die Schmer=
zen nicht die Genüsse? Und wohin sollten die Wirr=
nisse ihres Herzens führen? In welch gefährliche
Stellung hatte sie sich gebracht — ihr Inneres bebte
zurück vor einer Neigung, die nur nach dem Unter=
gange eines schönen, talentvollen Menschen Nahrung
erhalten durfte.

Nein! sie besaß nicht länger den Mut, dieses Elend weiter zu schleppen, dies Elend, das ihr inmitten des Reichtums nun erst recht fühlbar geworden, sie wollte mit der Unglücklichen, die dort auf dem Lager seufzte, hinüberfliehen in das Nichts, von dem ihre Lieblingsphilosophen so begeistert redeten.

Bereits zuckte die erste Morgenröte durch die Ritzen des immer geschlossenen Ladens im Krankenzimmer, als Emma das Bett der zuweilen leise seufzenden Mutter verließ. Ein Ende machen! rief eine Stimme in ihrer Brust, als sie durch die stillen Gemächer des noch schlummernden Hauses wandelte. Ein Ende machen! Einen Augenblick trat sie in den Garten hinaus, ohne irgend etwas zu denken oder zu empfinden, ganz stumpf in den sich immer glühender färbenden Himmel schauend. Wie leer, wie fade das alles war, sie verzog die Lippen wie im Widerwillen und schüttelte das graziös geformte Haupt. — Schon begannen die Vögel ihr Lied, der Wind strich kühl, gleichsam wie Abschied nehmend durch die Büsche; sie gähnte verschlafen, schauerte fröstelnd zusammen und zog sich in den Gartensaal zurück. Wie fremd ihr die Welt erschien; alles so trübe, die Möbel verdrossen, die Bilder so übellaunig, und doch flimmerte über allem ein traumhafter Schleier. Immer mußte sie gähnen, als wolle der Schlaf sein Recht nachholen, immer fielen ihr die Augen zu, immer wieder, wenn sie dieselben öffnete, flimmerten die Gegenstände so traumhaft, und doch war diese

Ermattung nicht eigentlich unangenehm, sie hielt wenigstens eine gewisse dumpfe Sehnsucht fern.

Die Dienerin kam und brachte den Kaffee.
Emma nickte mit dem Kopfe und schritt auf einmal,
wie von einem Drange, dessen sie nicht Herr werden
konnte, erfaßt, auf den eleganten Arzneischrank zu,
der einen Winkel des Gemachs verschönerte. Ein
Ende machen! schien seine Thüre knarrend zu rufen,
als sie dieselbe öffnete. Dort befand sich eine größere
Flasche Opiumtinktur, von deren Inhalt der verstorbene Onkel zuweilen Gebrauch machen mußte, wenn
ihm der eben nicht mäßig genossene Wein den Schlaf
geraubt. Emma dachte, als sie das Kristallglas
ergriff, lebhaft an den alten hitzköpfigen Onkel und
dabei kamen ihr die Worte: den Toten soll man
nur Gutes nachreden! in den Sinn, sie wußte selbst
nicht warum! War es die unbewußte Empfindung,
daß sie nun selbst benötigt sei, an das entschuldigende
Vergeben ihrer Bekannten zu appellieren?

Wiederum unterdrückte sie ein Gähnen, jedoch
als sie jetzt die Kaffeetasse halb entleerte, um das
Ausgegossene durch die schwarze Opiumtinktur zu
ersetzen, zitterte ihre Hand wie im Fieber, doch bezwang sie ihre Aufregung, die Lippen so fest auf
einander pressend, daß dieselben nur noch als dünne,
weiße Striche sichtbar blieben.

„Erst sie, dann ich,“ murmelte sie, indes alles
Blut aus ihrem Gesichte wich. Gerade als sie die
Opiumkaraffe erhob, fiel ihr Blick in den gegenüber

hängenden, prachtvoll vergoldeten Spiegel. Sie schrak
zusammen, als sie ihr totenähnliches Gesicht gewahrte,
das eben von einem Sonnenstrahl berührt, wie der
Kopf einer Enthaupteten in dem Goldrahmen auftauchte, und drückte, einen Seufzer des Abscheu's
ausstoßend, ihre schmale Hand auf die Augen. Noch
stand sie uneins mit sich selbst, manchmal sich selbst
und ihr Thun nicht begreifend, wie von einem
Schwindel erfaßt, als sie plötzlich fühlte, wie eine
fremde, warme Hand langsam ihre kalte berührte,
indem sie sanft, aber fest die Karaffe aus ihrer Hand
zu nehmen beabsichtigte. Sie löste erschrocken die
Finger von den zugepreßten Augen, sah sich, als
habe sie eine Geistererscheinung berührt, mit halb
geöffnetem Munde um und stieß einen unartikulierten Ton aus. Er war's, er stand vor ihr, das
ernste, strenge Auge vorwurfsvoll in ihr Auge ge-
bohrt, Doktor Kahler. Sie setzte die Karaffe auf
den Tisch, versuchte alsdann, was ihr kaum gelingen
wollte, zu lächeln und sah ausdruckslos vor sich hin.
Dann wie aus einem Starrkrampf erwachend, atmete sie auf und ließ sich langsam in einen Fauteuil nieder, den Kopf tief zur Erde herabgeneigt.
Er blieb, Stock und Hut in der Hand, vor ihr stehen;
doch kaum hatte sie ein paar Mal die kalte Hand
vor die Stirne gepreßt, als wolle sie dort eine
düstre Vorstellung verwischen, als sie mit einem zwar
totblassen, aber im übrigen fast gleichmütigen Gesicht
zu ihm emporsah.

„Sie kommen frühe," sagte sie mit rauher, klang-
loser Stimme, „nehmen Sie Platz."

Da sie sich ein wenig abwandte, fuhr der Doktor
aus seinem Sinnen empor, ergriff die Lehne des
nächsten Stuhles, drehte ihn um und ließ sich sehr
langsam auf ihn nieder, den prüfenden Blick nicht
von der halb verschämten, halb trotzigen Frau abwendend. Kaum daß der starke Mann Besorgnis
blicken ließ, kaum daß, wenn sie ihn einmal nicht
ansah, etwas wie Teilnahme über seine strengen
Züge glitt. Endlich, da ein peinliches Stillschweigen
auf beiden Seiten einzutreten drohte und Emma
unter seinem Blick endlich ein Erröten unterdrückte,
wandte er sein Auge von ihr ab und sagte, nicht
in fragendem, tadelndem, sondern mehr in gleich-
mütig-barschem Ton:

„Was waren Sie im Begriff zu thun, gnädige
Frau?"

Sie schwieg und spielte mit den Franzen eines
Fauteuils, während er mit seinem Stocke spielend
allmählig eine ärgerliche Miene annahm. Sie ließ
einen unverständlichen Ausruf hören und versuchte,
da ihr jetzt etwas wie Thränen in die Augen treten
wollte, das Lächeln ihres Mundes zu verstärken.

„Gnädige Frau," begann er nun in vorwurfs-
vollem Ton, „einen solchen dummen Streich hätte
ich nicht von Ihnen erwartet. Todesgedanken! jetzt,
da Sie allen Elendes enthoben sind? Und da Sie
sich doch selbst für eine Philosophin halten! Nein,
ich traute Ihnen mehr Geist zu."

Diese Bemerkung traf ihre Selbstliebe gerade
an der Stelle wo sie am verwundbarsten war, da
es ihrem Stolze schmeichelte, für geistreich und be-
lesen zu gelten. Die Schamröte machte rasch einer
momentanen Blässe Platz, sie hob den Kopf und
ohne zu wissen, was sie sagte, stieß sie ziemlich laut
ein barsches fragendes: „Wie?" hervor.

Als dieser scharfe, unhöfliche Klang die Stille
des Gemachs durchschnitt, entstand eine Pause,
während welcher man nur das eintönige Ticken der
Pendüle vernahm. Doktor Kahler fühlte, daß er
zu barsch gewesen, er hatte eigentlich auch beabsichtigt
milde zu sein und es blieb ihm selbst ganz unerklärlich, warum ihm jene rauhen Worte entfahren.

„Geist?" fuhr sie, nachdem sie sich gesammelt,
mit ironischer Betonung fort, „glauben Sie auch
an das Märchen, nur die Dummen, oder die Wahnsinnigen seien geneigt, dies kostbare Geschenk, das
Leben, von sich zu werfen? Lieben Sie denn das
Leben so sehr? Sie scheinen ähnlich wie die Kinder
alles das, was Sie nicht verstehen, „dumm" zu
nennen! Erlauben Sie mir zu bemerken, daß ich
Sie für gescheidter gehalten habe."

Der Doktor runzelte die Stirne.

„Ich sehe, Sie bedürfen meines Trostes nicht,"
sagte er ein wenig beleidigt, „und Sie danken mir
nicht einmal dafür, daß ich Sie davon abgehalten
habe, ein —"

„Nun?" frug sie lächelnd, da er abbrach.

„Ein Verbrechen zu begehen!" fuhr er fort.

Sie schwieg regungslos dasitzend.

„Ich sehe ein, daß ich unüberlegt gehandelt," entgegnete sie nach einer Pause langsam, „ob das, was ich im Begriffe war zu thun, ein Verbrechen ist, lasse ich dahingestellt, mir erschien es im Augenblick als das allein Richtige, Naturgemäße. Sie versetzen sich nicht in meine Lage, das ist das ganze! Sie glauben, es sei thöricht, dem Reichtum, der mich umgiebt, zu entsagen und denken nicht daran, daß das, was man besitzt, allmählig den Reiz der Neuheit verliert und dann —"

Sie hielt inne, sah einen Augenblick mit ausdruckslosem, fast verglastem Auge in's Leere und frug dann ganz unvermittelt, mit einer Art Heftigkeit: „Haben Sie Nachricht von meinem Manne?"

Noch ehe er indeß antworten konnte, wandte sie rasch das blasse Gesicht zu ihm hin und setzte, ohne eine Miene zu verziehen, mit ganz harter Stimme hinzu: „Es scheint sich nicht zu bessern." Darauf stützte sie das Haupt in die hohle Hand, starr ins Leere sehend.

Auf den Arzt wirkte die plötzliche Erwähnung Pauls, seltsam beunruhigend und doch wieder freudig erregend. Er empfand, daß Emma diese Angelegenheit nur deshalb so obenhin berührte, weil sie sich innerlich sehr eingehend mit ihr beschäftigte und nun erst warf ihm ihr verstörtes Benehmen ein erklärendes Licht auf die schwarze That, die er eben durch sein Dazwischentreten verhindert hatte.

Empfand sie Gewissensbisse? Sah sie ein, in welch'
zweifelhafte Stellung sie sich gebracht! Oder liebte sie
ihren abwesenden Gatten! Hierüber sich Gewißheit
zu verschaffen nötigte ihn ein unwiderstehlicher in-
nerer Zwang, und über seine Frage, die ihm jetzt
unbewußt über seine Lippen glitt, aufs tiefste erschrocken, sagte er:

„Nicht wahr, der Tod Ihres Mannes würde
Sie sehr schmerzlich berühren?"

Noch immer sah sie leblos, einer Leiche ähnlich,
ins Weite, dann wandte sie wieder den Kopf langsam mit starrem Blick nach ihm hin, sah ihm wie
geistesabwesend in das erschrockene Gesicht und sagte
ganz befremdet:

„Warum soll ich Sie und mich belügen?"

„Belügen?" sagte er betreten, obgleich ihn eine
unerklärlich heitere Stimmung überschleichen wollte.

„Die Wahrheit über alles," entgegnete sie mit
einer gewissen Würde, „warum soll ich mir das
übel nehmen? Für meinen Gemahl kann ich nicht
die warme Teilnahme hegen, die man unter gewöhnlichen Verhältnissen für einander hegt. Wie sollte
dies möglich sein? Ich habe ihn kaum gesehen,
kaum gesprochen!"

Der Doktor nickte bestätigend.

Nach einer Pause hob sie den vorher geneigten
Kopf und frug, indem sich ihre Wangen ein wenig
belebten: „Würden Sie es mir verargen, wenn der
Tod meines Gatten mich gleichgültig ließe?"

Der Arzt zuckte die Achseln.

„Eigentlich nein!" sagte er gedehnt, wiederum von jenem angenehmen Schauer durchrieselt, der ihn schon einmal überrascht.

„Bitte," fuhr sie alsdann leiser fort, „sagen Sie mir doch, was Sie eigentlich von mir denken! Wie komme ich Ihnen vor, seit ich verheiratet bin?"

Der Doktor erzwang ein Lachen und stammelte ein paar schmeichelhafte Bemerkungen, denen er jedoch, sie immer wieder verschluckend, eine ironische Wendung zu geben suchte. Sie unterbrach ihn, indem sie behauptete, er sage nicht die Wahrheit, er hielte sie gewiß für eine Gewissenlose. Auf einmal zog sie die Augenbrauen finster zusammen, und indem sie sich wie tief ermattet in den Sessel zurücklehnte, traf den Doktor ein verzehrender, schmerzlicher Blick aus ihrem glutvollen Auge.

„Doktor, Sie sind schuld an meinem ganzen Elend," flüsterten ihre leidenschaftlich bebenden Lippen im Ton tiefsten Vorwurfs.

„Ich? Schuld?" fuhr der Arzt auf.

Immer ruhte noch dieser feuchte, fast wilde Blick auf dem bestürzten Kahler.

„Daß Sie dem Unglücklichen, ohne meine Erlaubnis einzuholen, jenes Märchen aufgebürdet — ich liebe ihn," sagte sie, sich in ihrer fast liegenden Stellung nicht rührend.

„Gnädige Frau," entgegnete Kahler lächelnd mit unsicherer Stimme, „wie können Sie mir hierüber

Vorwürfe machen? das finde ich sonderbar; handelte ich doch in Ihrem Interesse, gaben Sie mir doch vollkommene Vollmacht! — nein!" setzte er, das Gesicht in ernste Falten legend, hinzu, „ich muß diese Anklage ganz entschieden zurückweisen."

„Spricht Sie Ihr Gewissen wirklich gänzlich frei?" frug sie, ihn aufmerksam betrachtend. Er besann sich eine Weile.

„Gänzlich," sagte er dann entschieden. „Die Notwendigkeit zwang mich zu dieser kleinen Verfälschung der Wahrheit; ich rechne diese Lüge sogar zu meinen guten Werken, gnädige Frau. Ich liebte Paul und wollte ihm das Glück, das ihm winkte, gewaltsam unter allen Umständen aufdrängen. Nun," fügte er leiser hinzu, „er ist glücklich."

Emma erbebte bis ins Innerste, tief erblassend wiederholte sie halb fragend, halb bestätigend das letzte Wort: „Glücklich?!"

Des Doktors Gesicht verfinsterte sich zusehends, bis es schließlich einen fast schmerzlichen Ausdruck annahm.

„Auch wenn er jetzt sterben sollte," sagte er leise, „nenne ich ihn glücklich."

„Warum, wie meinen Sie das?" frug sie mit zitternder Stimme, den verschleierten, immer noch von tiefer Kränkung glühenden Blick auf ihr Gegenüber gerichtet.

„Weil er liebt!" entgegnete der Arzt ruhig, seine Erregung beherrschend.

„Und keine Gegenliebe fand?" frug sie fast atemlos.

„Fand er diese wirklich nicht?" sagte der Arzt trübe lächelnd.

Sie schüttelte das schöne Haupt und schwieg.

„Haben Sie überhaupt je einen Mann geliebt?" frug Kahler, absichtlich einen leichtfertigen Ton heuchelnd.

„Wie?" fuhr sie auf.

Er wiederholte seine Frage.

„Ich glaube: nein! Doch das sind nutzlose Fragen," sagte sie.

„Da haben Sie recht," meinte er lächelnd.

Wiederum trat beiderseitiges Stillschweigen ein. Der Wind bewegte leise die reiche Seidengardine des Fensters, streifte den goldenen Kronleuchter und brachte die feinsten Haarwellen auf der Stirn Emma's in Bewegung. Doktor Kahler saß wie traumverloren, die Hand auf den Stock gestützt, das Kinn auf diese Hand gedrückt. Endlich stand er auf.

„Gnädige Frau," sagte er im Tone wärmster Teilnahme, „darf ich Sie um einen Gefallen ersuchen?"

„Wie meinen Sie?" frug sie zerstreut, ohne sich zu regen.

„Versprechen Sie mir," fuhr er mit weicher Stimme fort, „Ihr Todesgelüste zu zügeln, Bedenken Sie, daß sich Ihr Leben noch schön und heiter gestalten kann und daß da Menschen leben, welchen Sie nützen können, welchen dies, Ihr Leben, kostbar ist."

„Wirklich?" kam es träumerisch über ihre Lippen.

„Wirklich!" bestätigte er, „man darf nicht so egoistisch sein und muß bedenken, daß man mit seiner Person viel mehr andern, als sich selbst angehört. Alle Ihre Freunde, zu welchen auch ich mich zähle, haben ein Recht auf Ihr Leben. Sie sind gewissermaßen unser Besitz."

Sie schwieg noch längere Zeit, als sänne sie dem Klange dieser weichen, tiefgefühlten Worte nach, als wolle sie ihre ganze Seele in diese ernste Mannesbrust versenken.

„Nun, ich verspreche," entgegnete sie endlich, „daß ich dem Leben nicht entfliehen will —" sie hielt inne und setzte dann lächelnd hinzu: „wenn Ihnen dies Leben so kostbar ist."

Es ergriff ihn ein leichtes Zittern, das er jedoch überwand.

„Gewiß," sagte er, „aber werden Sie Wort halten?"

„Soll ich etwa schwören?" frug sie, zu ihm emporsehend.

Doktor Kahler ergriff die auf dem Tische stehende Opiumkaraffe.

„Wir wollen es fürs erste unmöglich machen," sagte er, „daß Sie Ihren düstren Anwandlungen sogleich die That folgen lassen können —"

Er trat ans Fenster, um die Karaffe zu zerschmettern, sah sich am Fenster stehend noch einmal

um und kam, als er bemerkte, wie sie teilnahms-
los seiner Handlungsweise zuschaute, wieder zurück.

„Nein!" sagte er alsdann, „ich mag Sie nicht
für ein Kind halten, dem man sein gefährliches
Spielzeug entziehen muß! Hier nehmen Sie die
Flasche zurück! Ich traue Ihren Worten."

Sie schien überrascht, errötete flüchtig und suchte
dann nach passenden Worten, die sie anfangs nicht
finden konnte.

„Ich danke Ihnen," sagte sie, des Doktors Hand
ergreifend, „ich werde mich dieses Vertrauens würdig
zeigen, verlassen Sie sich darauf —" Dann setzte
sie mit fester, tieftönender Stimme hinzu:

„Das Leben erhält eine neue Anziehungskraft,
einen neuen Reiz, sobald man weiß, daß man —"
sie wollte sagen: „geliebt wird," erschrak jedoch vor
diesem Ausdruck und fuhr fort: „sobald man weiß,
daß man guten Menschen etwas wert ist."

Der Arzt, der an der Thüre noch einmal zögerte,
empfahl sich ungeschickter, als es ihm lieb war. Er
hätte so gern noch ein teilnehmendes warmes Wort
einfließen lassen.

Emma lauschte auf die sich entfernenden Schritte
des charakterfesten Mannes, sank dann in den Fauteuil zurück und bewegte die Lippen.

„Und ich liebe ihn trotz allem, ich liebe ihn!"
rief es in ihrer Brust. So saß sie noch einige Zeit,
sich in der Phantasie den Genuß bereitend, diese
ganze ebenerlebte Scene noch einmal zu durchleben.

Jede seiner Äußerungen legte sie auf die Wagschale, jede seiner Mienen prüfte sie, um zu ergründen, welchen Seelenzustand sie wohl bemäntele und sie kam hierbei zu einem nicht unangenehmen Resultat. Aber sie nahm sich vor, ihn nicht eher wiederzusehen, bis sich das Schicksal ihres Mannes entschieden. Vorher durfte keine weitere Verständigung stattfin= den, sie mußte ihrer Ehre das Opfer bringen, die geliebten Züge zu vermeiden. So lebte die junge Frau ziemlich einsam dahin, nur mit der Pflege der Mutter beschäftigt, aber geheilt von ihren düstren Todeswünschen, geheilt durch die Liebe. Die Briefe, die sie aus der Heilanstalt Michelstadt von Zeit zu Zeit empfing, erbrach sie nicht mehr; sie kannte den Inhalt und wollte alles vermeiden, sich zu sehr in die fortschreitende Leidensgeschichte Pauls zu vertiefen, um sich das Mitleid zu ersparen, das sie ihm dann doch gezollt haben würde. Wenn der letzte Brief mit dem dicken schwarzen Rand kommen werde, den wollte sie öffnen und ihn auch einem anderen zu lesen geben!

IV.

Inzwischen waren mehrere Wochen vergangen.

Im Hause des Rechtsanwalts Heinheimer herrschte ein reges Treiben; eine fröhliche Gesellschaft durchwogte die erleuchteten Räume. Der kleine Anwalt schlüpfte durch die Reihen seiner Gäste, bald diesen, bald jenen bewillkommnend, indes seine Gattin weniger lebhaft, aber dafür desto gründlicher die Honneurs machte. Auch Emma Steinacher, die Klientin des Anwalts war geladen und erschien gegen acht Uhr, freilich, wie sie selbst sogleich bemerkte, um sich nach einer Stunde wieder zu entfernen, da sie ihre Mutter nicht länger allein lassen durfte. Sie wechselte ein paar freundliche Worte mit dem kleinen Mann und zog sich darauf mit der noch immer hübschen Frau Heinheimer in einen kleinen, durch eine Portière geschlossenen Salon zurück. Natürlich erkundigte sich Frau Heinheimer in liebenswürdigster Weise sogleich nach dem Befinden des Herrn Steinacher, welcher Frage Emma geschickt auszuweichen wußte. Sie war schließlich dahin gekommen, bei allen derartigen in Beziehung auf ihren Gatten gestellten Fragen ein und dieselbe Phrase vorzubringen, bei der sie nicht einmal mehr in Verlegenheit geriet, wie es anfangs der Fall gewesen.

„Hat Sie Doktor Kahler lange nicht besucht?" frug Frau Heinheimer im Laufe der Unterhaltung.

Emma hatte Mühe, ein Erröten zu unterdrücken.

„Ja," sagte sie aufs Geradewohl, unbesorgt darüber, ob diese Antwort zutraf oder nicht.

„Nun, so werden Sie ihn vielleicht hier bei uns sprechen können," fuhr Frau Heinheimer fort, „er hat uns versprochen, einen Augenblick zu erscheinen. Einen Augenblick! seine Praxis erlaubt ihm natürlich nicht lange zu verweilen."

Emma machte eine Bewegung, als wolle sie aufstehen, besann sich jedoch und unterdrückte, so gut es ihr gelingen wollte, ihre Beklommenheit. Frau Heinheimer plauderte hierauf noch einiges, mochte aber merken, daß Emma nur mit halbem Ohre zuhörte und lud sie, als jetzt aus dem anstoßenden Gemach die Töne des Pianinos erklangen, ein, ihr zu folgen, Fräulein Schreiß werde eines ihrer reizenden Lieder singen.

„O!" sagte Emma, die, da sie selten in Gesellschaft ging, sich in einer solchen immer ein wenig unbehülflich benahm, „ich höre lieber von hier aus zu. Es stört mich, wenn ich Musik höre und ich befinde mich dabei unter vielen Menschen."

„Ach ja!" entgegnete die Frau des Rechtsanwalts, „Sie haben Recht! Nicht wahr! ich langweile Sie mit meinem Geplauder?"

„Mich?" frug Emma überrascht, „wie können Sie das sagen?"

„Ach! mein Mann meinte, Sie seien so ge- scheidt," entgegnete die andere, „Gesellschaften miß- fielen Ihnen, Sie hielten sich nicht gern auf der Oberfläche der Unterhaltung."

„O," lachte Emma, „wie man mich verleumdet!"

„Wissen Sie," sagte die andre, „daß ich mich ein wenig vor Ihrem Verstande gefürchtet!"

„Gefürchtet?" frug Emma, „liebe Frau, die Gescheidten braucht man nicht zu fürchten, die Dum- men, das sind die Gefährlichen."

„O! für dieses Wort möchte ich Sie küssen," lachte Frau Heinheimer, Emma's Hand fassend.

Darauf begann sie, während Emma an andere Dinge dachte, einige bedauernde Worte über das unselige Los der armen geisteskranken Mutter ein- fließen zu lassen, und zwar erschien ihr Mitleid so aufrichtig, daß Emma der hübschen kleinen Frau gerührt die Hand drückte.

„Ich bin an dieses trübe Schicksal von Kindheit an gewöhnt," sagte Emma, „ich habe mich jetzt fü- gen gelernt. Freilich manchmal begreife ich selbst kaum, wie ich das alles aushalten konnte. Aber ich habe es ausgehalten."

Im anstoßenden Gemach belohnte jetzt ein leb- haftes Händeklatschen die Sängerin, die ihr Lied beendet.

„Wissen Sie, daß Herr Doktor Kahler große

Stücke auf Sie hält?“ frug Frau Heinheimer, während sich Emma erhob. Emma that, als habe sie im Lärm des rauschenden Festes diese Frage überhört. Ihr einziges Bestreben ging dahin, diese fröhlichen Räume zu verlassen, bevor sie der Doktor betreten, sie wollte unter allen Umständen ein Zusammentreffen vermeiden. Wie dies jedoch bewerkstelligen? Ihren Wagen erwartete sie erst gegen neun Uhr, den weiten Weg bis an ihr Haus konnte sie nicht ohne Begleitung zurücklegen, und das Fest jetzt schon verlassen, da sie kaum fünfzehn Minuten hier verweilte, mußte wenigstens den Festgebern auffallen. Als sie sich jetzt unter die Gäste mischte, versuchte sie auf möglichst unbemerkte Art zur Garderobe zu gelangen, fest entschlossen, den Heimweg ohne Begleitung zurückzulegen. Behutsam wie eine Diebin näherte sie sich dem Ausgang. Kaum hatte sie denselben erreicht, als sie erbleichend zurücktrat. Es war zu spät, dort stand er in seiner ernsten, gesetzten Weise, mit dem Anwalt plaudernd. Sie hegte diesem Manne gegenüber, seit er ihr jene Karaffe aus der Hand genommen, eine sonderbare Furcht, sie empfand zu sehr die Macht, die er über ihr Gemüt auszuüben im Stande sei und sie wollte selbstständig bleiben, wie sie es von jeher auch ihrem Vater gegenüber gewesen. Und nun bemerkte er sie, er nickte ihr zu, die sie seinen Gruß kaum erwiderte, sondern wie in einem nachtwandlerischen Zustand nach der Garderobe schritt. Seine Blicke folgten

ihr, während er mit dem Anwalt sprach; sie fühlte
das, ließ sich jedoch nicht abhalten, sondern ergriff
ihre Kleidungsstücke und zog sie in fieberhafter Hast
an. Wenn mich nur niemand aufhält, dachte sie,
ängstlich umherspähend. Richtig, da schritt Frau
Heinheimer in der Nähe an ihr vorbei, bemerkte
jedoch die Hinwegeilende nicht. An der Küche vor=
übereilend, gab Emma dem Dienstmädchen den Auf=
trag, der Herrin auszurichten, man möge sie ent=
schuldigen, es habe sie nicht länger hier geduldet,
sie könne ihre Mutter, die sich heute unwohler be=
finde, nicht länger unter der Aufsicht der Diener=
schaft lassen. Endlich erreichte sie die bereits dunkle
Straße. Die Laternen wurden soeben angezündet,
als sie, immer den Schatten der Häuser aufsuchend,
dahin floh. In der That floh sie vor ihm, wie
vor einem Feinde, obgleich sie eine unbestimmte
Ahnung im Herzen hegte, daß er ihr folgen werde.

Indes vermied sie, sich umzublicken, selbst dann
noch vermied sie es, als sie bereits Schritte hinter
sich hörte, deren unregelmäßigen Gangart man an=
merkte, daß sie bemüht waren, schneller von der
Stelle zu gelangen, als eigentlich anständig schien.
Anfänglich bemächtigte sich ihrer eine stumpfe, ge=
dankenlose Angst; die Füße versagten ihr fast den
Dienst. Als die Schritte jedoch immer näher kamen,
stieg in der Brust der jungen Frau fast ein Ärger,
ein scheues Trotzgefühl auf, und, als die Schritte
nun dicht hinter ihr zu vernehmen waren, drehte sie

sich plötzlich um, blieb stehen und bemühte sich, sehr ernst, fast drohend auszusehn. Doktor Kahler kam näher. „Verzeihen Sie, gnädige Frau," sagte er lächelnd, „ich eile Ihnen nach, um Sie an Ihre versäumte Pflicht zu gemahnen."

„Pflicht?" stieß sie, vom hastigen Gehen noch atemlos, hervor.

„Sie befolgen meine ärztliche Anordnungen übel," erwiderte er, ebenso erregt wie sie, „habe ich Ihnen nicht anempfohlen, heitere Gesellschaft zu besuchen und daselbst möglichst lange zu verweilen? Habe ich Ihnen nicht gesagt, Sie müssen sich unbedingt zerstreuen? Ihre Mutter, die um diese Zeit schläft, kann recht gut eine Stunde hindurch unter Aufsicht Ihrer pflichtgetreuen Zofe gelassen werden. Warum verlassen Sie die liebenswürdige Frau Heinheimer, der ich Sie auf die Seele band, so gar frühe?"

Emma ging weiter, während er folgte. Sie wußte nicht, wie ihr geschah, die Thränen traten ihr in die Augen, und doch war es ihr nicht weich um's Herz. Was sollte sie auf seine Frage erwidern? Sollte sie wiederum lügen?

Nein, es mußte endlich zur Entscheidung kommen, sie mußte die Wahrheit sagen, mochte daraus folgen, was da wollte. Und sie besaß genug Mut, um die Wahrheit nicht zu fürchten.

„Weil ich Ihnen nicht begegnen wollte," sagte sie gerade aus mit fast harter Stimme. Er räusperte sich.

„Thue ich Ihnen denn etwas zu Leid?" suchte er zu scherzen, wobei jedoch seine Stimme einen weichen Klang nicht zu unterdrücken vermochte.

„Sie —" sie stockte und sagte dann fast mürrisch, „mir ist, sobald ich mit Ihnen verkehre, zu Mute, als begehe ich ein Unrecht — ein Unrecht gegen — Sie wissen gegen wen!"

Er schwieg. Die Häuserreihe hörte hier auf, das freie Feld begann, nur wenige Laternen, in großen Entfernungen angebracht, erleuchteten die Gartenmauer, an welcher der Weg vorüber führte, nach Emma's Villa. Die Einsamkeit, die Stille und Finsternis dieser Gegend flößten dem Arzte den Mut ein, einmal sein ganzes Herz zu entlasten und sich ihr gegenüber, ohne die er nicht mehr leben zu können glaubte, einmal ohne jegliche Larve zu zeigen.

„Sie haben vielleicht recht," sagte er ernst, „unser Verhältnis ist nicht ganz das Richtige, ich habe oft darüber nachgedacht. Ich fühle selbst, daß ich vor Paul, der mir doch ein so tiefes Zutrauen entgegenbringt, die Empfindung, die ich seit einiger Zeit Ihnen entgegenbringe, nicht rechtfertigen könnte. Ich fühle dies, und es zehrt an meinem Innern. Ja! ich hielt mich immer für charakterfest; seit ich Sie kennen gelernt habe, merke ich, daß auch der charaktervollste Mann in gewissen Dingen ein Kind ist. Ich werde aber, wenn Sie es verlangen, mir

Mühe geben, meine halb unbewußten Seelenregungen
zu bekämpfen."

Er hatte männlich, einfach gesprochen, fast ohne
mit der Stimme zu zittern.

Emma schwieg und eilte so rasch von dannen,
daß es ihm auffallen mußte. Ihr Gesicht hielt sie
abgeneigt von ihm; er schloß jedoch aus ihren
haftigen Atemzügen, daß seine Worte einen tiefen
Eindruck auf sie gemacht. Mehrmals war er ver=
sucht, sie um eine Antwort zu bitten; auch schwebte
ihr eine Antwort auf den Lippen, die sie jedoch
nicht das Herz hatte auszusprechen, da ihr die
ruhige männliche Art, mit welcher er seine Neigung
bekannt, zu achtungswert erschien. So schritten beide
neben einander her, bis sie das Gartenthor der Villa
erreicht. Der Arzt wollte sich, da ihn ihr Schweigen
kleinmütig gestimmt, entfernen; doch, da sie auf
einmal, als ob ihr der Anblick ihres Besitztums
Mut eingeflößt, zu reden begann, folgte er ihr in
das Innere des Hauses, aus welchem sogleich einige
Dienerinnen der Herrin entgegeneilten.

„Wollten Sie nicht einmal nach meiner Gesell=
schafterin sehen," sagte sie, „Fräulein Rietel klagt
über Kopfschmerzen. Ich glaube, sie hat sich bereits
auf meinen Wunsch zur Ruhe begeben."

Dr. Kahler eilte die breite, hellerleuchtete Mar=
morstiege hinauf, um nach Fräulein Rietel zu sehen,
während Emma, in ihrem Salon angekommen, auf
einen Fauteuil sank. Eine vornehme Stille herrschte

in dem großen Hause, die Fußteppiche dämpften jeden Schritt. Emma saß angekleidet, den Hut auf dem Kopfe vor dem mit Speisen besetzten Tische, in dessen Politur der Kronleuchter slimmernde Funken streute. Sie starrte in die Flammen des Leuchters, ihre Seele war wie gefesselt, sie vermochte sich nicht empor zu raffen. Zuweilen ertönte das Klingen einer elektrischen Schelle durch die stillen Räume. Emma wußte nicht, was sie thun sollte; sie fühlte sich wie zerschlagen. Der Kopf wirbelte ihr und die widerstreitendsten Empfindungen zerrissen ihr Herz. Liebte sie ihn denn wirklich? Hielt sie vielleicht nicht das Gefühl der Achtung für Liebe? War dies nicht ein Mann, dem sie sich hätte blind= lings unterwerfen müssen und sträubte sich nicht ihr Stolz dagegen, die Sklavin eines Herrn zu sein? Eines so düsteren, strengen Herrn? Endlich erlösten sie die Schritte des eintretenden Arztes aus diesem peinlichen Brüten.

„Eine leichte Erkältung," sagte er, „hier dies Recept wird das Fieber dämpfen. Lassen Sie es noch heute Abend besorgen." Emma nickte. Er wollte das Gemach verlassen und hatte bereits die Thüre geöffnet.

„Doktor!" rief sie noch einmal, fast unverständlich.

„Gnädige Frau!"

Er schloß die Thüre. Da sie sich nicht nach ihm umwendete, suchte er ihr Antlitz im gegenüber=

hängenden Spiegel. Er bemerkte, daß sie zitterte, fast so heftig, wie er selbst zitterte.

„Ich bitte Sie," fuhr sie leise fort, „jenen Gegenstand nicht mehr im Gespräch zu berühren."

Er verstand sie natürlich, frug jedoch nochmals, welchen Gegenstand sie meine, worauf sie ihm zu verstehen gab, er müsse das wissen.

„Es soll nicht mehr geschehn," sagte er leise resigniert. Dann wendete sie sich nach ihm um. Sie bewegte die Lippen, als wolle sie ihm auch ihrerseits ihre Neigung eingestehn, stand dann aber auf und ergriff des Doktors Hand, die sie fest und innig drückte. Die Art, wie sie seine Hand krampf= haft umspannte, sagte mehr als Worte, es lag in diesem weichen, innig festem Druck alles, Liebe, Er= gebung, Resignation, Schmerz.

„Seien Sie mein Freund," kam es fast unhörbar über ihre erbleichenden Lippen, und er beugte sich, um die seine Augen füllenden Thränen zu verbergen, auf diese kleine Hand herab. Einige Zeit hielt er so das Gesicht herabgeneigt.

„Er ist ein guter Mensch, mein Gatte," flüsterte sie, „handeln wir, wie er handeln würde und be= dauern wir unseren Freund mit Aufrichtigkeit. Was uns spätere Tage bringen können, davon wollen wir sprechen, wenn diese Tage gekommen sein werden."

Die letzte Äußerung durchbebte Kahler's Inneres, er verstand ihre Andeutung und, das Gesicht rasch zu ihr emporhebend, sah er ihr leuchtend in's Auge.

Dann trübte sich seine Stirn, und es entglitten ihm
die folgenden Worte eigentlich gegen seinen Willen:

„Glauben Sie nicht, ich wünsche ihm den Tod,“
flüsterte er, das Haupt wieder ernst senkend, „ich
liebe ihn und ich fühle, wie schlecht ich an ihm
handle. Wahrhaftig, ich liebe ihn und wenn er
wieder genesen sollte —“ er brach ab, erbleichte
und sah zu Boden. Auch sie traf dies letzte Wort:
Und wenn er wieder genesen sollte!

Da er jetzt aufblickte, begegnete er ihrem angst=
voll fragenden Blick, den er indes vermied. Emma
wußte nicht warum, plötzlich durchschauerte sie eine
beklemmende Furcht. Sie kam sich selbst unsagbar
schlecht vor, aber um ihn, der erblassend vor ihr
stand, von Liebe zu ihr tief bewegt, um ihn legte
sich ein schwarzer Schleier, er kam ihr noch weit
verabscheuungswürdiger vor als sie sich selbst vorkam,
seit er dies geheime Wort gesprochen: Glauben Sie
nicht, ich wünsche seinen Tod! Wünschte er ihn
wirklich nicht? Wer kann die Gedanken eines Men=
schen bis auf den Grund durchschauen! Warum er=
bleichte er so jählings? Und wenn er im tiefsten
verborgensten Winkel seiner Seele nun doch die
Hoffnung hegte, Paul würde seinem Glücke nicht
mehr lange im Wege stehen? Durfte sie ihn dann
noch lieben? War er einer solchen Hoffnung fähig?
Sie wußte aus ihren Philosophen, wie wunderlich die
Irrgänge des menschlichen Gemüts sich verschlingen
— und sie selbst! Nein! sie wünschte den Tod des

Gatten nicht. Wie sie doch dies Wort des Doktors belästigte, wie es plötzlich zwischen ihn und sie trat, gleich einem warnenden Dämon.

„Verlassen Sie mich jetzt,“ sagte sie leise.

Er überhörte diese Aufforderung, denn auch sein Geist grübelte über jenes Wort nach, das ihm wider Willen entfahren. Wie ihm nur zu Mute war! Jetzt verdammte er den Wunsch, Paul möge dem Leben Lebewohl sagen; doch wenn sein Auge ihre Hand streifte, frug er sich, wie er ohne sie leben könne, und der Tod Pauls erschien ihm als ein Glück für alle Teile. Da sie ihre Aufforderung wiederholte, verließ er in Sinnen verloren, mit sich selbst sehr unzufrieden das Zimmer, ohne Abschied zu nehmen, bemerkte aber, daß er seine Handschuhe vergessen halte, kam zurück und fand Emma nicht mehr in dem Gemach. Er konnte sich nicht ent= schließen, das Gemach zu verlassen, langsam zog er die Handschuhe an und starrte vor sich nieder. Wie er sich auf einmal selbst haßte, verachtete! Er hätte sich selbst an der Gurgel nehmen und zu Boden würgen mögen. Wohin sollte diese Schwäche führen! Wie konnte ihn, den ernsten Mann eine solche Jugendleidenschaft so ganz ausfüllen, so zum Kinde umwandeln! Und ließe sich diese Leidenschaft nicht mehr unterdrücken? Sollte sie fort und fort wühlen wie ein zehrendes Gift? Nach einiger Zeit öffnete sich die Flügelthüre; Emma in ein bequemes, sehr

reizendes Nachtgewand gehüllt, erschien auf der
Schwelle.

„Sie noch hier?" stieß sie fast erschrocken hervor.

Er stammelte einige entschuldigende Worte, betreffs der vergessenen Handschuhe; sie wagte nicht
einzutreten, sondern lehnte furchtsam an dem Thür-
pfosten. Plötzlich ertönte von der Landstraße herüber das dumpfe Rollen eines Wagens, der Kronleuchter klirrte leise und Kahler, aus seinen Träumereien emporgeschreckt, warf auf die reizende Gestalt
einen Blick und fragte, ohne zu wissen, was er
sagte: „Was ist das?"

„Es wird die Post sein," entgegnete sie, die
schönen Hände in einander fügend und das feine
Haupt müde an die Thüre lehnend, „sie hält um
diese Zeit hier an."

„Es muß wohl sein," sagte er. Noch nie war
sie ihm so verführerisch erschienen, noch nie trieb ihr
Anblick sein Herz zu so schnellem Gange an. Aus
dem weiten Ärmel des Nachtgewandes glänzte ein
ausnehmend zartgeformter und doch kräftiger Arm,
die im milden Lichte des Kronleuchters schimmernden Linien ihrer Wangen verliefen ungemein zart,
nach dem graziösen Halse, es überkam den sonst so
Nüchternen, Verschlossenen ein unwiderstehliches Bedürfnis, diesen feinen Kopf zwischen die Hände zu
nehmen, und ihn liebevoll zu sich ·hinein an die
Brust zu drücken. Indes war das Rollen
des Wagens verstummt. Ein süßer Schwindel zog

an Kahlers Stirn vorüber, er trat zitternd auf die junge Frau zu.

„Emma!" hauchte er sich selbst vergessend, vor sich hin, als sie einen Schritt zurück trat.

„Hören Sie doch!" rief sie ihm entgegen, „das ist nicht die Post. Hören Sie?" Er hörte nicht, er sah nur ihr lauschendes Angesicht. Draußen ward jetzt der Wagenschlag zugeworfen, eine Stimme ward laut, der Wagen fuhr langsam hinweg. Nun begann auch Dr. Kahler aufmerksam zu werden.

„Empfangen Sie Besuch?" stieß er hervor.

Sie schüttelte erbleichend den Kopf und eilte an die Thüre. Nun vernahm man schwankende, unsichere Tritte, als ob ein schwerer Gegenstand in den Vorplatz des Hauses getragen würde. Emma stand bebend an der Thüre, nicht wissend, ob sie dieselbe öffnen sollte.

Während sich diese Scene innerhalb des Ge=
maches abspielte, war draußen aus einer Miet=
kutsche ein junger Mann gestiegen, der ein glückliches,
doch dabei verschämtes Lächeln auf den Lippen, vor
dem Balkon der Villa stehen blieb.

„Sie wohnt schön!" murmelte er, den Hut ab=
nehmend und sich durch die dunkeln Locken fahrend,
„vielmehr, wir wohnen schön", setzte er lächelnd hin=
zu. Die hohen Fenster, die auf den Balkon führten,
waren erleuchtet, man sah den vielarmigen Kron=
leuchter, prächtige Tapeten, Gemälde, Ornamente
durch die Glasscheiben schimmern.

„Was sie wohl jetzt zu dieser Zeit treibt," dachte
der junge Mann, in welchem wir, da er jetzt dem
Balkon nähertritt, niemand anders als den Maler
Paul Steinacher erkennen. „Ob sie sich wohl freuen
wird, mich wiederzusehen, oder ob ich wirklich von
den seltenen Briefen, die sie mir schrieb, auf eine
Abnahme ihrer Liebe schließen muß." Pauls Ge=
sicht verdüsterte sich einen Augenblick. „Nein! sie
liebt mich noch immer," philosophierte er weiter,

7*

„eine Liebe, die zu solchen Opfern bereit ist, kann nicht so rasch erlöschen."

Dennoch zögerte er einzutreten. Er fühlte sich so wunderlich schwermütig gestimmt, so hingebend, und doch preßte ihm ein Angstgefühl die Brust. Vielleicht war es das allmählig wiederkehrende, aber noch nicht genugsam befestigte Gesundheitsge= fühl, das ihn so weich stimmte, so schüchtern, daß er sich zuweilen selbst belächeln mußte. Oder war es die seltsame, märchenhafte Vorstellung, an die er sich noch nicht gewöhnen konnte, daß in jenen so reich geschmückten Gemächern, die er jetzt sein Eigen nannte, ein liebendes Weib seiner harrte? Er umschritt, in Gedanken versunken, das ganze Gebäude, den wohlgepflegten Garten, die Stallung bewundernd und konnte es noch nicht fassen, daß er der Herr dieses prunkvollen, im Mondschein schimmernden Gewächshauses sein sollte. Damals, als er Abschied von ihr genommen, ließ ihn sein Fieber, sein elender Zustand nicht dazu kommen, die Situation, in der er sich befand, zu prüfen; er gab dem Eindruck, den Emma's Erscheinung auf ihn gemacht, nach, er lebte wie in einem wüsten wahnsinnigen Traum, und jetzt, nachdem ihn die bessere Pflege seiner Krankheit entrissen, jetzt erst begann er das ganze Liebesabenteuer mit dem Auge eines Vernünftigen zu betrachten. Ja! wie war er eigentlich zu diesem Weibe gekommen! Es lag hinter ihm wie ein Sturm auf offenem Meere, er erwachte, er kam zu sich, er erkannte die Dinge ringsum. Einerlei, er wußte, daß sie schön sei, daß er sie liebe, daß sie ihn liebe, und das sollte nicht genügen? Wie ihm das Blut in die Wangen stieg, wenn er an sie, an ihr ernstes Wesen, ihre eigenartige Schönheit dachte. Und sie ist dein! du brauchst nicht mehr um sie zu werben, du besitzest sie. Schreite nur durch jenes Portal die helle, breite Stiege empor, so empfängt sie dich, umarmt dich. Das ist eigentlich gar keine Ehe, dachte der junge Mann, und ich bin kein Ehemann. Ich kenne sie kaum, mir ist, als habe ich von einem schönen Weibe geträumt und suche nun ihre Reize in der Wirklichkeit. Aber warum sie immer nur so kurze Briefe schrieb!

Endlich näherte er sich dem Eingang, aber je näher er dem hell erleuchteten Vorplatz kam, desto banger schlug ihm das Herz, so daß ihn der heftige Schlag fast des Atems beraubte. „Sie ist meine Frau —“ rief er sich, über sich selbst lächelnd zu, „ich begreife meine Verwirrung gar nicht.“

Langsamen Schrittes näherte er sich der Flügel-thüre, einen harrenden Diener mit fast erloschener Stimme nach der „gnädigen Frau“ fragend. Der Diener lächelte verständnisvoll.

„Bitte, gnädiger Herr,“ stammelte er, und Paul, der dem Voraneilenden taumelnd wie im Rausch folgte, sah gleichsam durch einen glühenden Schleier einen breiten Lichtstrom, der sich aus einer aufge=

riſſenen Flügelthüre ergoß, hörte einige wohlbekannte
Stimmen und ſaß auf einmal, ohne zu wiſſen, wie
dies geſchah, in einem weichen Sammtfauteuil. Nun
ſuchte er ſeine Schwäche, ſo gut dies gelingen wollte,
zu überwinden, er bemerkte, daß den Fußboden ein
weicher Teppich deckte, daß eine liebliche Helle von
der Decke ſtrömte, daß vor ihm ein ſchönes Weib,
neben ihm ein Mann ſaß, der ihm mehrmals ſtumm
die Hand geſchüttelt.

„Und erzähle doch,“ rief jener Mann neben ihm,
„wie iſt es Dir denn ergangen?“ Die drei Per-
ſonen befanden ſich in einer ganz außergewöhnlichen
Stimmung, das empfand Paul; die ſchöne Frau ſaß
ſtarr wie aus Marmor gemeißelt, der Mann ſuchte
ein Beben zu unterdrücken, und Paul ſchien es, als
ob ihn ein Sturm immer weiter von ſeinem ſchönen
Weibe hinwegriſſe, als wenn ſie ihm immer mehr
entſchwände, und ein brennendes Schmerzgefühl ſchlich
ihm von der Bruſt herauf ins Gehirn, als das jetzt
eingetretene Stillſchweigen ein immer peinlicheres
wurde! War er denn ein Fremder? War ſie denn
nicht erfreut, ihn zu ſehen? Paul wollte reden, die
Stimme verſagte ihm jedoch, und plötzlich, da ihm
während dieſes Ringens nach Worten niemand zu
Hülfe kam, füllten ſich ſeine großen Augen mit
Thränen. Emma, die anfänglich bleich wie der Tod,
aber mit ruhiger Faſſung dageſeſſen, empfand, als
ſie ihren Gatten ſo ganz als den Raub ſeines weichen
Künſtlerherzens ſah, ein eigentümliches Mitleid.

„Verzeiht," murmelte der Künstler lächelnd, „es ist noch die Schwäche der überstandenen Krankheit." Und nun versuchte er hell aufzulachen. Kahler schaute düster drein und als jetzt Emma aufstand, ihrem Gatten ein Glas Wein zu reichen, verfolgte er sie mit schmerzlichen Blicken. Emma trat an den Tisch, füllte das Glas und reichte es dem blassen, immer noch etwas angegriffen aussehenden Gatten in einem Seelenzustand, der ihr eine merkwürdige krampfhafte Festigkeit verlieh. Wirklich glaubte sie jeden Augen= blick, ein Weinkrampf werde ihr die Brust zerreißen, und doch kam dieser Krampf nicht, und sie hätte ihn als eine Art Erlösung begrüßt, diesen Thränen= ausbruch, der ihr die Kehle zuschnürte. Wie war es denn möglich! Hier saß er! Gerettet! Wer denn? Ihr Gatte! Ja! er war's! Und sie schenkte ihm Wein ein? Richtig, sie hielt das Glas in der Hand, und er lächelte unter Thränen, und sie em= pfand Mitleid mit dem bleichen Menschen.

„Habt Ihr meinen Brief nicht erhalten?" hörte sie seine weiche Stimme in ihr Ohr tönen. Emma sah ihn starr an und schüttelte den Kopf. Sie hatte ja die Briefe, die aus der Heilanstalt eintrafen, gar nicht mehr geöffnet.

„Da habe ich Euch freilich überrascht," fuhr der Maler, seine Rührung überwindend, fort, „doch wußtest Du wenigstens, daß in den letzten drei Wochen durch die neue Behandlungsweise des Arztes sich eine Art

Umwälzung in meinem Körper vollzog. Ich schrieb
es Dir ja ausführlich — erinnere Dich nur —"

„Gewiß!" sagte Emma errötend und ein teil=
nehmendes Lächeln erzwingend.

„Nun ja!" fuhr der Maler immer heiterer wer=
dend fort, „sieh, die Stahlbäder thaten Wunder an
mir. Ich verzehrte eine enorme Menge Eier täg=
lich, lieber Kahler, man fütterte mich tüchtig heraus
— kurzum — ich erholte mich — ich schrieb es
Dir ja ausführlich, liebe Emma, wie man mich
mästete, mir Chinin und Wein einflößte — hat sie
Ihnen nichts davon erzählt, Kahler?"

Dr. Kahler sagte, er erinnere sich dessen. Das
leuchtende Auge, das immer sicherer werdende Be=
nehmen des jungen Mannes drückte ihn förmlich zu
Boden und preßte ihm das Herz schmerzlich zusam=
men in der Brust. Er hörte und sah nur noch wie
durch einen trüben Nebel. Verloren! Auf immer
dahin! klang es in seinem Inneren. Oder liebte
sie ihn denn? Sie hatte ja selbst eingestanden, daß
sie keine Teilnahme für den Gatten hege, also war
sie ja immer noch sein. Freilich unter welchen Um=
ständen. Der Verlust quälte um so schmerzlicher,
da ihn ein geliebter Mensch herbeigeführt, über dessen
überraschende Genesung sich der Arzt sogar aufrichtig
freute. Er wollte sich entfernen, aber es war ihm,
als müsse er sein Unglück auskosten, als müsse er
sich den Stachel der Eifersucht immer tiefer in die
zerrissene Brust bohren und so konnte er sich nicht

trennen von den beiden, konnte sie nicht — allein
lassen! Diese letzte Vorstellung, die beiden sich allein
gegenüber zu denken, marterte ihn mit ganz uner=
träglicher Qual. Jeder Nerv zuckte ihm, wenn er
sich die beiden allein dachte, jedes Wort, das sie
ohne ihn sprechen würden, schien ihm ein Dolchstoß,
es war ihm zu Mut, als sei er das Opfer einer
grausamen, nutzlosen Vivisektion. Paul, der in seiner
Naivität die Stimmung seiner Freunde nicht durch=
schaute, ward von Minute zu Minute lebhafter. Ja,
es überkam ihn so in der Nähe seines schönen Weibes
eine trunkene Lustigkeit, und diese seelenvolle Heiter=
keit gab seinen schönen, noch etwas zarten, angegriffenen
Gesichtszügen einen eignen Reiz. Er plauderte ganz
allein, indes die beiden andern mit sich selbst be=
schäftigt schienen.

„Jetzt geht es gleich morgen an die Arbeit,
Doktor," rief er, „mein Bild — Sie kennen es —
muß fertig werden bis zur nächsten Ausstellung!
Ah! mit welchen Kräften ich nun arbeiten will!
Sehen Sie, wie kräftig meine Hand wurde, und
welche Muskeln! Aber, liebe Emma, was bleibst
Du denn so schweigsam, erzähle mir doch, wie es
Dir erging?"

„O, ich lebte sehr einsam," sagte sie und begann
in einigen abgerissenen Sätzen ihr Leben zu schildern,
was ihr allmählig so schwer ward und wobei sie
mehrmals so heftig zitterte, daß Dr. Kahler diesem
Vortrag ein Ende zu machen beschloß. Er stand auf.

„Halten Sie sich gut, lieber Paul," sagte er, „arbeiten Sie nicht zu viel, machen Sie sich tüchtige Bewegung im Freien —"

„O, ich habe mir angewöhnt, Zimmergymnastik zu treiben," fiel ihm Paul vergnügt ins Wort und verbarg eine tiefe Erregung, die ihn in dem Augenblick überdrang, als der Arzt nach der Thüre schritt. Auch durch seine Brust zitterten die Worte: Mit ihr allein!

„Nun, Ihre Krankheitsgeschichte erfahre ich ein ander Mal," fuhr der Arzt fort, sich bemühend, seinen schmerzlichen Zügen einen heiteren Ausdruck zu geben, „ich freue mich wirklich von Herzen, daß Sie so wohl aussehen, halten Sie sich gut, ich bin gespannt auf Ihren genauen Bericht."

Mit diesen hastig hervorgepreßten Worten verließ er das Gemach, noch einen düster-schmerzlichen Blick auf die teilnahmlose Emma werfend, die, die Hand auf den Tisch gestützt, den Kopf geneigt, unter dem Kronleuchter stand. Die beiden Eheleute sahen sich allein. Die junge Frau atmete heftiger, es war ihr, als müsse sie entfliehen und könne es doch nicht, sie empfand eine gewisse Scheu vor dem jugendlichen Eheherrn und doch zog sein kränkliches blasses Gesicht ihr Auge zu ihm hin, der Drang, diesen noch nicht völlig Genesenen zu pflegen, erwachte in ihr als ein instinktives, echt weibliches Mitleid. Da sich jetzt Paul, wie aus einem Traum erwachend, langsam zu ihr hin wendete, stand sie noch immer regungslos und erst, als der junge Mann mit weicher vibrierender Stimme ihren Namen nannte, zuckte sie zusammen und sah ihn groß an. Da sie hier= auf heftig errötete und zitternd auf den Fauteuil zuschritt, begann auch er zu erröten und sagte wie zu sich selbst mit ungemein zartnaivem Klang der Stimme: „Welch sonderbare Ehe! nicht wahr?"

„Wollen wir nicht zu Nacht essen," entfuhr es ihr, als müsse sie sich Mühe geben, ihre Sinne zu sammeln, „Du wirst hungrig sein."

„Gewiß," sagte er träumerisch lächelnd. Emma klingelte, der Diener erschien, um zu servieren. Beide redeten nichts, Emma sah ihn zuweilen an, halb erschrocken, halb mitleidig und suchte sich sein kindliches Benehmen zu erklären, das ihr eigentlich gar nicht mißfiel. Paul aß mit gutem Appetit, aber mit einer nervösen Hast, die auf starke Ge= mütsbewegung schließen ließ, zuweilen dämpfte er seine hastigen Atemzüge, zuweilen sah er vom Teller auf, als fürchte er, man mache ihm seine großen Portionen zum Vorwurf. Unwillkürlich empfand sie ein gewisses, hausmütterliches Behagen, als sie ihn so herzhaft zulangen sah, und als er jetzt sagte: „Bei Gott! ich bin ganz ausgehungert," lächelte sie ein trübes Lächeln. Und so war denn jede Brücke hinter ihr abgebrochen, dachte sie resigniert; alle Wünsche mußten schweigen, alle Zukunftsträume mußten zerstört werden; das Netz, das sie sich mit eignen Händen geflochten, war über ihrem Haupte

zusammengeschlagen; das Schicksal weiß doch auf
eine raffinierte Art die unbedachten Handlungen der
Menschen zu strafen. Der starre Schmerz, den sie
empfand, wenn sie daran dachte, daß ihr das Glück,
von dem sie geträumt, nun nie mehr zu Teil werden
sollte, daß sie statt an der Seite eines ernsten
Mannes nun an der Seite eines fast gleichaltrigen
Jünglings dahin leben sollte, lähmte ihr Denkver-
mögen, es war ihr, als sähe sie dem Brande ihres
Hauses zu, und niemand nahe zu löschen, und langsam sänken die verkohlten Trümmer in den Staub.
Paul begann, vom Wein begeistert, redseliger zu
werden, sie hörte nur Worte ohne Inhalt, es hatte
sich ihrer die dumpfe Ruhe der Resignation be-
mächtigt, die ihr alle Energie raubte. Was thut
es schließlich, ich werde auch so leben können! Den
kranken Menschen zu pflegen, ist nun meine Pflicht,
ich will sie mir zu keiner unangenehmen machen.
Lieben werde ich ihn freilich nie können, aber warum
soll ich ihm nicht eine Freundin sein? Doch wird
er sich an meiner Freundschaft genügen lassen?
Nun es ist alles einerlei! — Auf einmal schwieg
Paul errötend, da ihm das Versunkensein seiner
Gattin auffiel.

„Liebst Du mich denn nicht mehr, Emma?" frug
er, den Kopf senkend und aus dem Brot mit nervösen Fingern kleine Kügelchen drehend.

„Wie? Gewiß! — Wir wollen den Diener rufen,"
stieß sie verwirrt hervor, „Du bist fertig? — nicht

wahr? — wir wollen abräumen lassen." Sie
klingelte. Der Diener erschien. Paul war genötigt,
zu schweigen, und grübelte erstaunt dem Sinne ihrer
Worte nach, die ihm äußerst rätselhaft vorkamen,
ebenso, wie ihm in seiner naiven Unerfahrenheit
die Hast, mit der sie sich jetzt erhob, ganz unerklär=
lich schien. Er rauchte eine Cigarette, während der
Diener geräuschlos ab und zu ging; Emma kehrte
dem Gatten den Rücken, und er betrachtete sinnend
erst die reiche Ausstattung des Gemachs, dann die
Gestalt seines Weibes und konnte sich nicht satt
sehen an dem schlanken weißen Hals, wie er so zart
in die Krause des Kleides verlief. Und sie gehört
dein, jubelte sein Kinderherz! Unbegreiflich, warum
sie so niedergeschlagen drein schaut. Sie liebte mich
doch einst —.

Als der Diener gegangen, drohte wiederum
peinliches Stillschweigen die beiden Gatten von ein=
ander zu entfernen, es lag wie eine unheimliche
elektrische Spannung in der Luft, man hörte das
Gas des Kronleuchters rauschen.

„Es war doch eine merkwürdige Hochzeit, nicht
wahr," begann er von neuem, in der Hoffnung, sie
freundlicher zu stimmen.

Sie wühlte schweigend in den Notenblättern,
die auf dem Pianino lagen und suchte die Gewissens=
bisse zu unterdrücken, die ihr die Erinnerung an
jene Tage erweckte.

„Mir ist alles gerade wie ein Traum," fuhr er

fort, „meine Toilette — der Wagen — Du in
Deiner Schönheit neben mir — der Standesbeamte
— kurz, mir ist, sobald ich an diese Scene denke,
als sei ich der Held eines Märchens, und nun ist
dieses Märchen zur Wirklichkeit geworden. Du bist
kein Phantasiegebilde, ich darf ewig an Deiner
Seite leben, — kannst Du Dir denken, wie mir zu
Mute ist?"

„Gewiß," sagte sie leise.

„O nein, Du kannst es nicht," fuhr er leiser fort,
„sonst würdest Du anders mit mir sprechen! Aber,
liebe Emma, warum wendest Du Dich von mir
ab —? Du liebst mich doch noch, nicht wahr, es ist
lächerlich, daß ich das überhaupt frage! Wie könnte
es denn anders sein, ich meine nur, Du — Du —"
er stockte und fügte verwirrt hinzu, „Du bist so
schüchtern."

Emma errötete heftig.

„Die Mutter fühlt sich kränker, Paul," sagte
sie mit bebender Stimme, „ich — Du mußt verzeihen, wenn ich keine gute Gesellschafterin bin —
es ist wirklich wegen der Mutter —"

„Geht es ihr wirklich so schlecht?" frug der
junge Mann, „die arme Frau. Wenn man ihr doch
ihr Los erleichtern könnte; ich habe nun erfahren, was
es heißt: krank sein! und bedaure seitdem jeden
Leidenden doppelt so sehr wie früher. Was sagte
denn Dr. Kahler zu dem Leiden der Mutter?"

„Er kann nicht helfen," entgegnete Emma, von

der aufrichtigen Teilnahme Pauls so seltsam bewegt, daß es ihr Mühe kostete, den Dank, den sie für diese warme Teilnahme auf den Lippen hatte, unausgesprochen zu lassen. Sie ging ab und zu, während Paul gedankenvoll den blauen Wölkchen seiner Cigarrette nachsah. Emma befand sich gerade im dunkeln Nebenzimmer und beobachtete von da aus durch die Portieren einen Augenblick ihren vor sich hinsinnenden Gatten. Sein Gesichtsausdruck erschien unter dem Einfluß der sanften, von der Decke herabströmenden Beleuchtung merkwürdig zart, fast kindlich, und doch wohnte in seinen dunklen Augen ein seelenvoller Glanz, der auf tiefere, ernstere Charakterzüge schließen ließ. Sie mußte sich gestehen, daß man diesen Kopf interessant nennen konnte. Als er jetzt das Gesicht umwandte, schrak sie zusammen, als habe er sie auf einer schlechten That ertappt. Was nur hinter dieser sanften Stirn vorgehen mag, dachte sie, als sie ihn so träumerisch vor sich hin blicken sah, und sie verglich dieses weiche, traumverlorene Sichgehenlassen unwillkürlich mit der nüchternen Strenge Kahlers.

„Ich werde mich zurückziehen," rief sie in das andere Gemach hinüber, „mir ist nicht ganz wohl, Gute Nacht." Er nahm die Cigarrette aus dem Mund, einen Augenblick verblüfft vor sich niederschauend.

„Gute Nacht," stammelte er, ohne zu wissen, was er sagte, und ehe er sie in dem dunkeln Gemach erblicken konnte, hörte er, wie sie die Thüre

hinter sich schloß. Dann saß er noch einige Zeit,
bis er seine Cigarrette wegwerfen mußte, stand auf
und ließ sich von dem Diener auf sein Zimmer führen,
das im oberen Stockwerk lag. Immer noch drängte
sich ihm die Vorstellung auf, dies alles, was er da
sähe, die gemalte Decke, das prächtige Bett, sei nicht
ein Eigen, er sei nur als Gast hier, bis er sich
endlich entschloß, gründlich den Hausherrn zu spielen.
Doch vermochte er es nicht, dem Diener Befehle zu
erteilen, er sprach ihm gegenüber höchstens Wünsche
aus, ließ die Lampe auf den Tisch stellen und lehnte
sich in den bequemen Sessel zurück. Ehe er sich's
versah, hatte ihn die, durch die Reiseanstrengung
herbeigeführte Müdigkeit in einen erquickenden Schlummer geworfen, aus dem er etwa nach zwei Stunden
durch das Geräusch erweckt wurde, das der zuschla-
gende Fensterflügel verursacht hatte. Er fühlte sich
merkwürdig erquickt, und war erstaunt, daß seine
Gedanken beim Erwachen sofort ohne Übergang um
Emma's Gestalt schwebten. Wie sie so plötzlich in
seiner eben noch vom Schlafe verdunkelten Phantasie
auftauchte und sich ihm, als er die Augen von neuem
schloß, immer wieder aufdrängte, ward ihm dies beständige Gefühl der Sehnsucht, das ihn zu beherrschen begann, fast lästig. Sein im ganzen mehr auf
das Anschauliche, als auf das Abstrakte gerichteter
Geist kam, als er jetzt ihre geheime Zurückhaltung
zu prüfen fortfuhr. zu keinem Ziel. Schließlich erklärte er sich ihr Benehmen aus ihrem weiblichen

Zartgefühl, das sich durch die lange Abwesenheit des
Gatten bis zu übertriebener Schamhaftigkeit gesteigert,
denn daß sie ihn liebe, daran zweifelte er keinen
Augenblick. Er war aufgestanden, unruhig im Zim=
mer auf und ab geeilt und blieb nun vor der Lampe
stehen, in deren trübes Milchglas er lächelnd blickte.
„Und warum nicht?" murmelte er vor sich hin, „ist
sie doch mein Weib!" Mit einem raschen Entschluß
faßte er die Lampe, um sich aus dem Zimmer zu
verfügen. Er wollte sie im Schlafe belauschen; viel=
leicht, daß sie ihm wenigstens doch erlaubte, einen
Kuß auf ihre Lippen zu drücken; oder wenn sie das
nicht zugäbe, — die Schlummernde betrachten und sich
dann wieder entfernen, das sollte ihm doch keiner
verwehren dürfen. Das Herz schlug ihm so stark,
als er die breite Stiege hinab schlüpfte, daß er seine
angeborene Schüchternheit belächeln mußte. Von
jeher hegte er dem weiblichen Geschlechte gegenüber
eine unbegrenzte Ehrfurcht, die ihm seine gute Mutter ·
frühzeitig ins Herz geprägt und die ihm auch wäh=
rend seiner akademischen Studienzeit trotz des ge=
räuschvollen Jugendübermuts nicht abhanden gekom=
men war. Er sah im Weibe etwas Geheimnisvolles,
das unangetastet bleiben sollte. sein Herz suchte über=
haupt gerne einen Gegenstand der Verehrung, und
trotzdem sein Charakter nicht zu den schwachen ge=
hörte, ordnete er sich doch da leicht unter, wo er
Vorzüge zu bemerken glaubte. Endlich hatte er eine
Thüre erreicht, die er behutsam öffnete, um sich von

hier aus in das Schlafzimmer weiter zu tasten, das
ihm indes, je näher er demselben kam, als ein Heilig=
tum erschien, das zu betreten er eigentlich nicht die
Erlaubnis habe. Was sage ich nur, wenn sie fragt,
warum ich ihr Gemach betrete, überlegte er stehen
bleibend, und plötzlich durchbebte ihn, wie dies be=
reits schon einmal geschehen, die Vorstellung, er
könne sich in ihrer Liebe getäuscht haben, — seine
Kniee begannen zu zittern, sein Auge umflorte sich!
Nein! Nein! Dr. Kahler hatte ihr doch gewiß
mitgeteilt, daß ihre Schönheit, ihre Liebenswürdig=
keit es verschuldet, daß er damals so hastig danach
getrachtet, seinem Leben ein Ende zu machen? Oder
hatte er es nicht? Dann freilich — doch nein!
gewiß, er, ein so edler Freund — er hatte ihr, um
ihre Liebe, ihr Mitleid zu erhöhen, diesen Umstand
mitgeteilt. Paul entledigte sich seiner Stiefel und
schlich sich behutsam in das nächste Zimmer, von
diesem in das folgende, bis er fast atemlos vor
dem letzten Gemach stehen blieb, in welchem er sie
von weitem schlummern sah. Als er näher trat,
und der trübe Schimmer der Lampe über ihr Bett
huschte, waren indes alle seine Bedenken verflogen,
er beleuchtete ruhig, ohne zu zittern, ihr friedliches
Gesicht, das mit seinen geschlossenen Lidern einen
edlen, weltabgeschiedenen Eindruck machte. So
ruhen die Toten, dachte er bewegt, den feinen Wim-
pernkranz bewundernd, der sich von der Wange so
zart abhob; so ruht ein liebendes Weib, setzte er

darauf hinzu, als er die sich sanft auf und nieder
bewegende Brust wahrnahm. Noch ehe er sich nieder=
beugen konnte, diese weiße, im Lampenlicht wie
Schnee schimmernde Stirne zu küssen, löste sich ein
tiefer Seufzer von Emma's halbgelösten Lippen,
Paul zuckte wie ein auf der That ertappter Ver=
brecher zusammen und schlich sich leise davon, ge=
spannt lauschend, ob die Erwachende nicht seinen
Namen ausrufen werde. Sie that es jedoch nicht,
er hörte, wie sie sich in den Kissen bewegte und
fühlte sich, als er nun die Treppe hinauf eilte, wie
nie zuvor von einer weichen hingebenden Sehnsucht
ergriffen. Sein fügsamer Charakter, der das Ent=
sagen in jeder Gestalt von Kindheit auf gewohnt
war, tröstete sich indes mit dem: es ist nun einmal
nicht anders! und malte sich, da die Gegenwart ihn
beängstigte, die Zukunft um so glänzender aus.

VI.

Die beiden Ehegatten lebten schweigsam nebenein=
ander hin. Paul besaß immer noch nicht den Mut, sein
Weib unumwunden nach dem Grunde ihrer Zurück=
haltung zu fragen; es hielt ihn, er wußte selbst nicht
was, davon ab. Emma, müssen wir gestehn, empfand
unwillkürlich eine Art Hochachtung vor diesem ruhi=
gen, männlichen Unterdrücken einer, wie sie doch an
tausend Kleinigkeiten bemerkte, heftigen Neigung; sie
rechnete es ihm hoch an, wenn er durch einen ihrer
Blicke dazu bewogen, darauf verzichtete, seine Zärt=
lichkeit thatsächlich zu beweisen, und fühlte Mitleid
mit dem gedrückt durch den Park wandelnden Ein=
samen. Manchmal, besonders bei gemeinsamen Mahl=
zeiten, versuchte er sie anzureden und auf ihre selt=
same abweisende Stimmung anzuspielen; dann geschah
dies jedoch mit solcher inniger Zartheit, solch' laute=
rer Gemütstiefe, daß es ihr oft grausam erschien,
ihm auszuweichen, und das Erbleichen seines Ge=
sichtes, das sich alsdann regelmäßig in erschreckender
Weise einstellte, erzeugte ihr oft eine nervös peinliche
Stimmung. Paul hatte sein Bild begonnen; sie

kümmerte sich, so lange er daran malte, nicht um die Arbeit, betrachtete dieselbe jedoch zuweilen, wenn er gerade abwesend war. Einmal trat er, als sie vor dem Bilde stand, unvermutet in das Atelier, das er sich neben dem Gewächshause eingerichtet.

„Gefällt es Dir", frug er schüchtern.

„O, so ziemlich", sagte sie gedehnt.

„Nur ziemlich?" frug er, „sprich doch gerade aus, was Dir nicht daran gefällt." Sie schwieg. Endlich, nachdem sie eine gewisse Verlegenheit unter= drückt, begann sie:

„Antigone's Abschied vom Leben erscheint mir zu christlich=sentimental." Dann fügte sie lebhafter wer= bend hinzu: „Man müßte der Griechin deutlicher an= sehen, daß sie keine Madonna ist, die auf himmlische Freuden hofft, sondern, daß sie genau weiß — der Nachen Charon's erwartet mich, die dumpfe trübe Unterwelt . . ."

Paul nickte mit dem Kopf. „Du verstehst mehr davon als ich dachte", sagte er in seiner kindlichen Weise.

Emma, deren Kunstverständnis lebhafter erwachte, trat näher, erröthete ein wenig und, sich ganz in das Werk vertiefend, fuhr sie fort:

„Auch müßte sie den Altar krampfhafter um= klammern! Bedenke doch nur, wie lieb ihr das Leben ist, wie anhaltend, wie rührend sie klagt, da sie aufgefordert wird, endlich zu folgen — das sind prächtige Worte, die sie hierbei vernehmen läßt —"

Sie ergriff das auf dem Stuhle liegende Buch, las begeistert einige Stellen dieser Scene vor und, sich mittelst ihrer lebhaften Phantasie völlig in den Moment hineinlebend, schritt sie auf den, als Modell des Altars dienenden Tisch zu.

„Sieh!" rief sie, sich selbst vergessend, aus, „so habe ich mir ihre Stellung gedacht, hier die linke Hand, — da die rechte —"

„Bei Gott!" rief Paul unwillkürlich, als er ihre, jetzt plötzlich die höchste Todesangst ausdrückende, Miene wahrnahm, „Bei Gott! Du hättest eine treffliche Schauspielerin abgegeben —"

Kaum war ihm dies bewundernde Wort entfahren, als sie auch wieder ruhig, als sei nichts geschehen, neben dem Tische stand, sich ein wenig ihrer enthusiastischen Kunstbegeisterung schämend.

„Nun, wenn man so viel Trübes erlebt hat wie ich," sagte sie gelassen, gleichsam entschuldigend, „wird man doch wissen, wie es einer zum Sterben Geführten zu Mut ist —"

Sie rückte den als Altar dienenden Tisch zurecht und fühlte die brennenden Augen Pauls voll bewundernder Hingebung auf sich gerichtet, was sie seltsamer Weise diesmal ruhig, vielleicht sogar mit ein wenig Eitelkeit geschehen ließ. Bildete sie sich doch auf ihre ästhetisch=philosophische Erziehung etwas ein und hatte man ihr doch zugestanden, in ihren Briefen mache sich viel Phantasie, überhaupt schriftstellerisches Talent bemerkbar.

Nach einer Pause begann Paul zaghaft:

„Emma — weißt Du was —?"

„Wie?"

„Ich meine —. ich habe so schlechte Hülfsmittel — mein Bild würde besser werden — wenn —"

„Was denn?" frug sie, ihn zweifelhaft anblickend. Er neigte den Kopf.

„Wenn Du mir", sagte er leise, „einmal als Modell dienen wolltest —"

Sie lachte kurz vor sich hin.

„Mein Bild würde dadurch sehr gewinnen", meinte er.

„Wir wollen sehen!" sagte sie und ging ihr Erröten zu verbergen, während er ihr traurig nachsah.

„Was sie nur haben mag, das seltsame Weib!" murmelte er, „ich begreife sie nicht."

Indessen schien Emma, so oft er sie auch bat, sich nicht zum Modell hergeben zu wollen, und er erklärte ihr eines Tages, da sie gerade im Park beim Kaffee saßen: so werde er sich ein weibliches Modell suchen müssen; ohne Modell, das wisse sie, könne man nicht arbeiten. Sie las im Schopenhauer, sah indes nicht vom Buche auf.

„Thue das nur", gab sie zur Antwort, ein Blatt umschlagend, ohne eine Miene zu verziehen. Er hustete ärgerlich, sah zu den hohen Baumwipfeln empor, die über dem eleganten Gartentisch rauschten, und dann, um ein wenig ihre Eifersucht herauszufordern und ihre Gemütsstimmung zu prüfen, begann er mit naivem Trotz von neuem: „Ich habe eigentlich bereits ein Modell. Louise heißt das Mädchen, in der That ein sehr, sehr feines Gesicht."

Er spielte nervös mit dem Kaffeelöffel, nahm Zucker aus der silbernen Vase und fuhr sich, da die Mittagssonne brannte, mit dem Taschentuch über die feuchte Stirne. Die Mittagshitze drang zwar nur ge= dämpft durch das grüne Blätterdach, dennoch be= lästigte sie heute den Erhitzten, der seines herrlichen Besitztums nicht recht froh werden konnte; fern glänzte das weiße, schloßartige Wohnhaus, in der Nähe rauschte eine Marmorfontaine. Er bemerkte, wie Emma den Kopf ein wenig vom Buch aufhob, wie ihre Schläfen, über die grünen Baumschatten zitter= ten, ein wenig pochten, doch, nachdem ein spöttiges Lächeln um ihre Lippen gespielt, murmelte sie: „so, so" und beugte dann den Kopf herab.

„Das Mädchen pflegte mich einst während meiner Krankheit", fuhr er fort, um sie zu reizen, „ich stehe sehr gut mit dem Kind. Sie ist wirklich zum Ver= lieben hübsch."

Emma, die wohl fühlte wo er hinaus wollte, begann sich ein wenig zu ärgern, sie begnügte sich zu lächeln, dann sah sie vom Buch auf und ihn mit erkünsteltem Mitleid anblickend, sagte sie ruhig, fast verächtlich:

„Du weißt, Du bist Dein eigner Herr, Du hast Narrenfreiheit."

Er hatte sich weit in den metallenen Gartenstuhl

zurückgelehnt, jetzt ließ er sich rasch vorschnellen und lachte gezwungen.

„Ah, das ist ja eine bequeme Ehe", warf er nervös zitternd hin, „ich danke Dir, ich werde mir diese Freiheit zu nutzen machen."

Nun schwiegen beide. Paul betrachtete die freie Stirne Emma's, die so graziös in das weiche Kinn auslief und, als ihr jetzt der Aermel vom Arm zurückfiel, mit dem sie den Kopf stützte, flößte ihm diese rosige Rundung, die so geheimnisvoll weich im blauen Dunkel des Aermels verschwand, eine unsäglich beengende, fast quälende Sehnsucht ein. Er hätte aufspringen mögen, um ihr zu Füßen zu stürzen, er hätte wenigstens die Formen dieses üppigen Arms küssen mögen.

„Emma!" rief er.

„Nun?"

Er stockte. Er wollte sie fragen, ob sie ihm denn gar nicht mehr gut sei, was denn zwischen sie und ihn getreten sei, aber die Kälte ihres Blicks hielt sein kindlich schüchternes Gemüt wie in Fesseln.

„Du darfst mir's nicht übel nehmen," sagte er stotternd und nicht ohne geheime Absicht, „ich muß — ich muß das Mädchen natürlich — ohne — nun ohne Gewand malen — Du verstehst mich —"

„O ja — nackt, willst Du sagen," warf sie gähnend hin, nüchterne Gleichgültigkeit an den Tag legend. Er sah sie erstaunt an und bemerkte dann mit einer Art Schadenfreude, wie sie, nachdem

sie jene Worte so nachlässig herausgestoßen, nach-
träglich mehr und mehr errötete, ja sie errötete so
tief, daß er mit ihrer plötzlichen Verwirrung ordentlich Mitleid empfand.

Da der Diener sich dem Tische näherte um ab-
zuräumen, benutzte sie die Gelegenheit und stand
hastig auf. Paul folgte ihr und, als sie langsam
die breite Terrasse hinauf stiegen, sagte er in einem
Ton, der Dank ausdrücken sollte, im Grunde aber
die immer heißer aufflammende Sehnsucht kaum
bemäntelte:

„Es ist mir lieb, daß Du keine Vorurteile hast.“

„Was ist da weiter,“ entgegnete sie achselzuckend,
„Du bist Maler — ich bin keine philiströse Haus-
mutter. Das ist das Ganze!“

„Eifersucht scheinst Du auch keine zu empfinden,“
erwiderte er in schärferem Ton. Alles, was er
hier sah, die prachtvolle Steintreppe, die großen
Vasen, die Blumensträuße oder Leuchter tragende
Statuen, all der Pomp, der sich in und außerhalb
dieses Hauses entfaltete, war sein Eigentum, aber
den Prunk dieses reichen Hauses beachtete er kaum,
er empfand ihn kaum als wünschenswert. Auch
hatte er sich bereits an das glänzende Leben gewöhnt,
dem er sich mit Behagen hingeben konnte, es verlor gemach seinen ersten bestrickenden Reiz und, da
ihn nun nicht mehr Nahrungssorgen drückten, stiegen
ganz andere Besorgnisse und Sorgen in seiner Seele
empor. Sein weiches hingebendes Gemüt fühlte

sich vereinsamt, mitten in dem Wohlleben fehlte ihm das geistige Element, er fühlte, daß er entbehrte, und manchmal überkam ihn eine unleibliche Verdrossenheit, die ihn fast unliebenswürdig machte. Manchmal brach das Bewußtsein, ein reicher Mann, der Besitzer von Geld und Gut zu sein, freudig durch die trüben Wolken, die sich um sein Inneres gelagert, dann wieder ekelte die Pracht, die ihn rings so träg umglänzte, ihn an, und nur das riesige, saalartige Atelier mit künstlich verschließbarem Oberlicht blieb seine Herzensfreude. In dies Atelier verschanzte er sich der Welt gegenüber, er schmückte es aus mit Bildern, Teppichen, Blumen, Statuen und bereitete sich so ein phantastisch = orientalisches Märchen mitten in der öden Prosa seines Alltaglebens.

Als er jetzt mit Emma durch die breite Glasthüre in den prunkvollen Salon schritt, dessen Jalousien geschlossen waren und beide nach der hellen Hitze des Parks die Kühle des Raumes umdämmerte, fühlte sich Paul seltsam bewegt; das Halbdunkel flößte ihm diesem Weibe gegenüber auf einmal eine gewisse Tollkühnheit ein. Die goldenen Rahmen der Ölbilder warfen kalte Blitze in die Dämmerung, der Kronleuchter schimmerte umflort, und als nun Emma auf das Klavier zuschritt, bat Paul mit zitternder Stimme, sie möge doch spielen, er würde jetzt so gern Musik hören. Er stellte sich dicht hinter sie und bemerkte mit Behagen, wie reizend ihr blendend weißer Nacken im dunkelgrünen Gewand verlief,

während er oberhalb im bläulichen Glanz der Haare
rötlich angehaucht verschwamm. Und dieser Nacken,
dieser Hals, diese ganze Brust gehört dir, rief es
in seinem hocherregten Innern, warum greiffst du
nicht zu, warum zeigst du dich nicht als der Herr.
Willst du immer ein schüchterner Knabe bleiben?
Und kannst du es ihr verübeln, wenn sie dich nicht
als Mann behandelt, da du dich ihr nie als Mann
gezeigt? Sie hielt stehend die Hände auf den
Tasten und beantwortete seine Bitten, sie möge
spielen, nur durch ablehnendes Hüsteln. Sie fühlte,
daß er an sich halten mußte, sein heißer Atem bewegte ihr die Haare im Nacken, sie hörte seine
Brust arbeiten und im über dem Klavier hängenden
Spiegel gewahrte sie, wenn sie verstohlen hinauf-
blinzelte, wie seine Augen allmählich thränend einen
fast wilden rollenden Ausdruck annahmen, wie sein
Mund erbleichend zuckte. Sie hätte gehen können,
um sich seinem bevorstehenden Gefühlssturm zu entziehen; die Thüre in das andere Zimmer stand geöffnet; sie blieb aber, einesteils, weil sie Weib
genug war, um einen Reiz darin zu finden, die
Macht ihrer Reize zu erproben, anderenteils, um
nicht vor sich selbst als eine Mutlose dazustehen. Es erregte ihre sinnliche Neugier, den Gutherzigen in
dieser Empörung aller Seelenkräfte zu beobachten;
es lag für ihr abenteuerliches Herz etwas ästhetisch
Anziehendes, geistig-körperlich Reizendes darin, diesen
Gemütsmenschen auch in seinen wildesten Ausbrüchen

zu beherrschen, gleichsam seine Tierbändigerin zu
sein. Dabei merkte sie, wie ihr in diesem Moment
der inneren Spannung allmählig ihre Philosophie,
mit der sie so gern prunkte, ganz abhanden kam,
ja daß eigentlich etwas Unschönes, Dämonisches, um
nicht zu sagen Grausames in ihr erwachte, es be=
reitete ihr eine geheime Lust, ihn um ihretwillen
leiden zu sehen und doch empfand sie ein Mitleid
mit ihm, wie man es mit einem Kinde empfindet,
dem man sein Liebstes untersagen muß. Gerade
ihre ablehnende Kälte übte auf Paul, in diesem
Augenblick eine an Zorn grenzende Wirkung aus.
Als sie nun mit den Fingern auf den Tasten zu
klimpern begann, verschlang er mit den Augen diese
elastisch-weißen Finger, dieses feine Handgelenk, und
der Trieb, die, von der grünen Seide engumstrafte
Hüfte zu umfassen, wuchs ins Unerträgliche. Ein=
mal mußte doch ihre allzu strenge Weiblichkeit be=
siegt werden, sagte er sich, diese nonnenhafte Kälte
ist unnatürlich, krankhaft. Als er jetzt im herabge=
neigten Spiegel bemerkte, wie sich auf ihren Zügen
ein seltsam trotziges, fast verächtliches Lächeln un=
merkbar Bahn brach, ließ er sich auf den Klavier=
stuhl nieder, sah mit seinen verschleierten Augen zu
ihr empor, und umschlang sinnlos, wie im Fieber,
ihren Namen hauchend, ihre glatte Taille. Die
Seide rauschte, als sie sich umwandte.

„Was fällt Dir ein,“ stieß sie heraus und löste
ruhig, ohne Heftigkeit seinen Arm von ihrer Hüfte.

Sie wich ein wenig von ihm, stützte sich auf das Klavier, dessen Politur ihre Gestalt wiederspiegelte und spielte, zu Boden blickend, mit dem vergoldeten Leuchter.

„Was mir einfällt," gab er verlegen und zitternd zurück, „wie kannst Du nur so dumm fragen —?"

„Fühlst Du denn nicht, wie Dich das in meinen Augen nur herabsetzt?" fuhr sie, die Lippen höhnisch kräuselnd, fort.

„Aus welchem Stoff bist Du denn?" stieß er verwundert hervor, indes er nichts mehr sah als einen Wirbel von roten Flecken und nichts mehr hörte als ein Brausen, durch das ihre Stimme wie aus weiter Ferne drang.

„Nein Paul," sagte sie mit erzwungener Ruhe, „unsere Ehe ist keine Ehe gewöhnlicher Art. Ich liebe Dich, gewiß, aber es drängt sich nichts Niedriges in diese Liebe, die dem Mitleid verwandter ist, als der ordinären —"

Sie verschluckte errötend das letzte Wort, obwohl sie als Philosophin sich sonst nicht scheute, die Dinge beim rechten Namen zu nennen.

„Mitleid empfindest Du mit mir?" entgegnete er mit instinktiver Zärtlichkeit, „ich wüßte nicht, daß ich jetzt noch dieses Mitleids bedürftig wäre."

„O," sagte sie rasch, eine besorgt = mütterliche Miene annehmend, „Du bist noch lange nicht ganz gesund, ich sprach mit Dr. Kahler — Du mußt Dich sehr schonen — jede Aufregung ist zu vermeiden — besonders — kurz ich habe die Pflicht — Vernunft für uns beide zu haben —."

Er mußte unwillkürlich laut auflachen, als er sie diese Worte so hastig, fast atemlos hervorstoßen hörte.

„Das ist aber doch stark", sagte er, ihr unbewußt näher rückend und ihr immer inniger in das halb abgewandte Gesicht sehend, „Du machst mich gewaltsam krank, nur um — um Dich meiner Liebe zu entziehen — nein Emma, das ist krankhaft — das ist unweiblich —!"

„Unweiblich," fuhr sie auf, ihm ernst in die Augen blickend, „ich dächte im Gegenteil — und damit Du es weißt — warum soll man nicht darüber sprechen", setzte sie gleichmütig hinzu — „ich habe eine Abneigung gegen dies, was man so gewöhnlich — Liebe nennt. In mir sträubt sich ein dunkler Punkt dagegen. Ich will nicht unter der Gewalt dieses auch die größten Geister kleinmachenden Naturtriebs stehen, das ist erbärmlich —"

Er machte eine heftige Geberde, der den Klavierstuhl stark in's Schwanken brachte.

„Lasse mir doch Deinen Schopenhauer bei Seite," entgegnete er fast erzürnt, „ich werde Dir die Bücher dieses Sonderlings verbrennen, die verwirren Dir ja ganz den Kopf —"

Sie sah ihn groß an.

„Rühre nicht an das, was mir heilig ist!" erwiderte sie streng.

„Ach was heilig!" fuhr es ihm aus dem Mund.

„Wenn man ein Leben geführt hat wie ich," sagte sie leise, „kann man die Tändeleien der Liebe nur verachten und man versteht dann jenes Wort Hamlets: Zu˙was sollen Kerle, wie wir sind, zwischen Himmel und Erde herumkriechen —"

Er sah fast erschrocken zu ihr empor.

„Du bist ein merkwürdiges Geschöpf," sagte er kopfschüttelnd, als er ihre düstre Miene gewahrte.

„Besser merkwürdig, als gewöhnlich", murmelte sie.

„Ich hoffe, Du wirst", setzte sie dann hinzu, „Deine sogenannten Rechte nicht mißbrauchen; übrigens steht auch in dem Ehekontrakt, den Du unterschriebst, angemerkt, daß Deine Rechte nur bis zu einer gewissen Grenze gehen, — lies den Paragraphen nach, dem Du damals wenig Beachtung schenktest, — und denke auch ein wenig an meine Mutter!"

Paul hielt den Kopf schmerzvoll herabgebeugt, sie warf noch einen nicht unfreundlichen, fast mitleidigen Blick auf die schöne Stirne des Trauernden und rauschte in das Nebengemach.

In Paul's Seele, als er nun allein in dem dämmernden Gemach saß, stieg eine vollständige Wut gegen den Philosophen Schopenhauer auf, denn diesem Weltschmerzler schrieb er das aller Weltlust abgeneigte Benehmen seines Weibes zu. Sie liebt mich, dachte er, aber diese Philosophie ist wie die Religion — sie setzt den Leuten Schwärmereien in

den Kopf und ich erlebe es noch, daß man Klöster
im Schopenhauer'schen Style erbaut. Sie hält es
offenbar für sündig dem natürlichen Hange zu fol=
gen; Ideen sind es, die zwischen mich und sie treten,
nicht Personen und Dinge. Wirklich suchte Paul
nach den Bänden der Schopenhauer'schen Werke und,
hätte ihm nicht die künstlerisch gearbeitete Büste des
Philosophen als Kunstwerk imponiert, er würde sie
sofort zerstört haben. Endlich beruhigte er sich bei
dem Gedanken, daß er der Zeit vertrauen müsse.
Ihre Seele, sagte er sich, wurde durch außerge=
wöhnliche Schicksale verdüstert; vielleicht, daß sie es
nicht über's Herz bringt, sich in der Nähe ihrer
Mutter dem heiteren Lebensgenuß hinzugeben; der
beständige Anblick dieser Unseligen färbt alle ihre
Empfindungen schwarz und scheucht den Freuden=
becher von ihren Lippen. — Emma vermied es von
diesem Tage an, mit Paul allein zu sein, doch konnte
sie nicht verhindern, daß sie sich zuweilen mit ihm
allein befand, und die halb herablassende, halb mit=
leidige Art, in der sie alsdann mit ihm verkehrte,
ließ darauf schließen, daß Paul's naive Liebesan=
näherung einen gewissen bestrickenden Eindruck in
ihrem Herzen zurückgelassen. Sie haßte ihn nicht
mehr, ja sie dachte zuweilen mit freundschaftlichem
Interesse über die seltsame Mischung von Schwäche
und Kraft in Paul's Charakter nach. Manchmal
schmeichelte ihr des jungen Mannes Glut, manchmal
fühlte sie sich ernstlich von dieser stummen Leiden=

schaft abgestoßen; Paul schien ihr verächtlich, rührend
und bemitleidenswert zugleich. Einmal, als sie wie=
derum im Park zusammentrafen, setzte ihr der Ma=
ler auseinander, daß er morgen Louise, jenes Mo=
dell, von dem er ihr gesprochen, erwarte. Im Lauf
des Gesprächs deutete er einmal an, Emma werde
ihn auf Abwege bringen. Sie zuckte in ihrer kühl=
vornehmen Art die Achseln und sagte, er habe Nar=
renfreiheit. Dennoch schien ihr diese Bemerkung des
Gatten im Kopf herum zu gehen, sie blieb, während
er sich entfernte, noch einige Zeit sinnend mitten im
Kieswege stehen und sah dem langsam Dahinwan=
delnden mit düsteren Blicken nach! Wie würde es
ihr innerlich zu Mute sein, wenn er sein eben ge=
sprochenes Wort zur Wahrheit machen wollte? An
dem Abend desselben Tages besuchte Dr. Kahler die
beiden Gatten. Das verstörte Wesen des Arztes fiel
nur Emma auf, Paul war während der Abendmahl=
zeit durch Elisabeth Weber, die Frau eines Bankiers,
die er gerade porträtierte und die man gebeten hatte
zum Thee zu bleiben, völlig in Anspruch genommen.
Die immer noch schöne Frau, die die Einladung mit
großem Vergnügen angenommen, unterhielt den
jungen Maler sehr angelegentlich, ja, wie Emma
mit Befremden bemerkte, fast mit übertriebener Zu=
thunlichkeit, so daß Paul mehrmals unruhig auf sein
Weib sah und ganz verwirrt den Koketterien der
Bankiersfrau seine unbehülflichen Manieren entgegen=
setzte. Sie machte sich's zur Aufgabe, dem Künstler

den Unterschied zwischen Genie und Talent auseinan=
anderzusetzen, indem sie bemerkte, die Künstler däch=
ten über die Prinzipien ihrer Kunst viel zu wenig
nach. Die Lampe verbreitete ein behagliches, grün=
lich gedämpftes Licht über den reich besetzten, silber=
strotzenden Tisch; dies ruhige Licht stand in lebhaf=
tem Kontrast mit den bewegten Gesichtern der Um=
sitzenden. Der Doktor sah meist finster vor sich hin,
Emma gab häufiger als je dem Diener Winke, um
dadurch so selten wie möglich in's Gespräch gezogen
zu werden; Paul starrte die Schmetterlinge an, die,
im Dunkel auftauchend, das Milchglas der Lampe
umschwirrten und Elisabeth Weber sprach eifrig in
den jungen Maler hinein, zuweilen siegesgewisse Blicke
auf den Beunruhigten werfend. Paul fiel es auf,
daß Emma fast jedesmal, wenn der Doktor sie an=
sprach, ein wenig erblaßte, die Augen wie im Halb=
schlaf schloß und sich dann meist hastig von ihm ab=
wandte, auch wollte ihm der melancholische Ausdruck
auf Kahlers Gesicht gar nicht gefallen. Kahler ent=
schuldigte sich, nachdem ihn der Freund zur Rede
gestellt, mit einem Patienten, dessen Leiden ihm ge=
rade viel Sorge machten. Als die Bankiersfrau den
Maler nach einiger Zeit wieder völlig mit Beschlag
belegt, flüsterte der Doktor rasch Emma in's Ohr:
Nur eine Minute unter vier Augen. Emma schüt=
telte abwehrend den Kopf und rief dem Be=
dienten einen Befehl zu. Kahler preßte die Lippen
aufeinander und preßte mit unterdrückter Erregung

9*

die Hand in das neben seiner Tasse liegende Brot. Als jedoch Paul einen seiner grimmig=schmerzlichen Blicke aufgefangen, zwang er sich zur Heiterkeit, um jeden Verdacht zu vermeiden.

„Bin ich Ihnen weit genug bekolletiert," flüsterte indes Frau Elisabeth dem Maler zu, „oder würde sich's auf dem Bild besser ausnehmen, wenn ich ein anderes Gewand anzöge —"

Paul, Emma starr ansehend, entgegnete absicht= lich ein wenig laut: „Gnädige Frau, Sie haben eine herrliche Büste, wählen Sie ein Kleid, das dieselbe am vortheilaftesten erscheinen läßt."

„Gut, so werde ich thun," sagte Elisabeth zärt= lich.

„Entblößen Sie auch, bitte, die Arme," fuhr Paul fort, „Ihr Arm hat vollendete Formen."

„O, Sie Schmeichler," lächelte die Frau, „wissen Sie was, besuchen Sie uns doch nächstens auf un= srer 2 Stunden von der Stadt gelegenen Villa; dort wird eben der große Saal gebaut, ich bestimme mei= nen Mann leicht dazu, daß er den Saal von Ihnen ausmalen läßt . . ."

Paul versprach, sich den Saal anzusehn und ging auf die schelmisch=kokette Art der Dame ein, indes Emma ihm errötend zuhörte; die heiße Wange, das glühende, fast unaufhörlich auf das üppige Weib ge= richtete Auge ihres Gemahls ließ merkwürdiger Weise diesmal einen Stachel in ihrer Seele zurück, sie empfand einen wehen Druck in der Brust. Auch gegen die herausfordernden Blicke Elisabeths hatte sie viel einzuwenden, so viel, daß sie die Bemerkung Kahler's, die dieser in seiner düsteren, verschlossenen Art an sie richtete, fast überhörte. Jedenfalls fand sie es unschicklich, daß eine verheiratete Frau mit einem verheirateten Mann auf diese frivole Art zu scherzen wagte.

Als sich die beiden Gäste verabschiedeten, begleitete Paul die Frau des Bankiers mit besonderer Liebenswürdigkeit an den Wagen. Als er wieder zurückkehrte, fand er sein Weib in Gedanken verloren am Tische stehen; vom Schein der Lampe grünlich überhaucht, glänzten ihre interessanten Züge erblassend, ihr Auge sah weit geöffnet in die Nacht hinaus auf die im Nachtwind leise rauschenden Wipfel, auf die hellen Fenster des stolzen Wohnhauses.

„Du bist von dieser Dame sehr entzückt," sagte sie leise, wie zögernd, da ihr eine heitere, fast nervöse Lebhaftigkeit in ihres Gatten Benehmen auffiel.

„Nun, ich habe ja Narrenfreiheit!" lachte er, eine Cigarrette an dem Lampencylinder in Brand steckend. „Danke Dir übrigens für dies Wort," setzte er leichtfertig hinzu, „werd' mir's zu Nutzen machen. —" Und wie von einer boshaften Laune dazu getrieben, fuhr er, mit krampfhafter Lustigkeit sich nachlässig in einen Sessel werfend, fort:

„Bist übrigens ein famoses Weib, so lebt sich's gut. So genieß' ich doch mein Dasein. Und morgen erst! ha! Louise. das göttliche Mädchen!"

Emma zog die Brauen finster zusammen und sah ihren Mann, der sich auf einmal ganz verändert, erstaunt an; sie wollte einlenkend entgegnen, schwieg jedoch; ein weher Druck, der ihr auf einmal die Brust beklemmte, verhinderte sie am Sprechen.

„Ich werde das Atelier abschließen," fuhr er, seine Erregung zitternd beherrschend, weiter fort, „die Dienerschaft braucht mich gerade nicht für leichtsinnig zu halten, denn sieht so ein Tölpel ein Weib, dazu noch ohne Kleidung bei mir, im Zimmer, so schwätzen die Dummköpfe."

Endlich raffte sich Emma auf; sie erwachte wie aus einem Traum, als ihr ein heftiger Windstoß, der die Flamme der Lampe niederdrückte, die Wange streifte.

„Ist diese Louise ein unverdorbenes Geschöpf?" fragte sie, ohne recht auf den Inhalt ihrer Worte zu achten.

„Hm! kann sein, gewisses vermeldet die Geschichte nicht," sagte er gleichmütig.

„Man sollte — wenn sie tugendhaft ist —" fuhr sie erblassend fort und hielt dann schweratmend inne.

„Wie?" rief er, an seiner Cigarrette drehend, und sich durch das lockige Haupthaar fahrend.

„Ich meine," sagte sie, „vielleicht geschähe dem Mädchen ein Gefallen, wenn —"

„Wenn —?"

„Nun, wenn, während Du malst, sich eine ältere Frau bei Euch aufhielte —"

Er schwieg, dann sah er auf die Uhr, zog diese auf und drehte sich nach den erhellten Fenstern des Hauses um.

„Hm! Die Tugend Louisens scheint Dir zur Herzensangelegenheit zu werden," sagte er dann.

„Bedenke — ein junges Mädchen," stieß sie hervor, „es ist doch ein trauriger Erwerb — man sollte dem Kinde die Sache erleichtern — es vor Unheil schützen —"

Er blies den Rauch der Cigarrette weit von sich und sagte dann gleichmütig gähnend: „Beruhige Dich, die Tugend des Mädchens wird wohl auf festen Füßen stehen — eine Beaufsichtigung ist unnötig, würde mich auch stören —"

„Sei menschlich, Paul, denke an das Schamgefühl eines Mädchens," warf sie ein. —

„Eine Beaufsichtigung würde mich stören," wiederholte er.

„Und wenn ich selbst —" begann sie stockend. —

„Wenn Du —" fiel er lächelnd ein.

„Ja —" sagte sie abgewandt.

„Wenn Du," fuhr er freudig erregt fort, „mir zum Modell dienen wolltest — ?"

„Nein, nein," sagte sie streng, „wenn ich das Mädchen in meinen Schutz nehmen würde —"

„Traust Du mir denn Schlimmes zu?" entgegnete er erstaunt.

„Davon ist nicht die Rede, ich denke nur an das Mädchen — nicht an Dich," sagte sie mit fast herber Betonung.

Er, von diesem Ton unangenehm berührt, fühlte, daß es notwendig sei, ihr zu imponieren; er stand auf.

„Kümmere Dich nicht um meine Angelegenheiten," erwiderte er mit derselben Herbheit.

„Paul —" fuhr sie vorwurfsvoll heftig auf.

„Nun?" stieß er fast zornig hervor und strich die Asche von seiner Cigarrette.

Sie biß die Lippen trotzig aufeinander, aber in ihren Augen schimmerte es wie von Thränen. Er bemerkte das und von der instinktiven Schlauheit der Liebe dazu getrieben, sagte er, schon halb zum Weggehen gewendet, in befehlendem Tone:

„Ich verbitte mir jeden Schutz. Es geht niemand was an, ob mir und wie mir das Mädchen sitzen will. Gute Nacht."

So ging er, sie in einem Zustand tiefer Beschämung zurücklassend, denn alles, was sie ihm eingewendet, war ihr ohne ihren Willen entfahren, sie fühlte bei jedem ihrer Worte: „das solltest du nicht sagen!" und sie sagte es unbegreiflicher Weise doch. Jetzt bereute sie die Art, in der sie sich jenes Modells annehmen wollte. Nahm sie plötzlich Teil an ihm, da er anfing unliebenswürdiger zu werden? Was kümmerten sie seine Modelle — und wie leicht konnte er sie mißverstehen. Wirklich! Das sah ja

vielleicht fast wie Eifersucht aus in seinen Augen.
Sie wollte lachen, aber der Gedanke an Kahlers
Benehmen erstickte das Lachen; sie vermied es seit
einiger Zeit völlig, an Kahler zu denken, sein finstres,
fast unheimliches Wesen beunruhigte sie; sie fühlte
sich, sobald sie sich den bleichen, wortkargen Mann
in der Phantasie vergegenwärtigte, wie innerlich er=
krankt.

Als sie am andern Tag in der Nähe des Ateliers
vorüberging, hörte sie ihren Mann, wie er ganz begeistert ausrief: „Gut so, der linke Arm! und das
Knie ein wenig aus dem Gewand — so ist's recht.“
Emma schrak zusammen und errötete. Sie wollte
umkehren, blieb aber stehen und lauschte. Dann
trat sie plötzlich, mit dem Entschluß, ihrer Philosophie nicht untreu zu werden, an die Atelierthüre
heran, klopfte und trat, da nicht verschlossen war,
auf das: Herein! Pauls in den großen, prächtig
ausgestatteten Raum.

„Ich störe doch nicht,“ sagte sie kühl.

„Ah, Du?“ entgegnete der Maler, ruhig weiter
malend.

„Ich wollte mich nur ein wenig umsehen,“ warf
sie, als langweile sie sich, hin.

Sie unterzog nun mehrere an der Wand hän=
gende Skizzen einer nörgelnden Kritik, bis sie an
die grüne, spanische Wand gelangte, hinter welcher
Louise halb entkleidet stand. Emma betrachtete das
nunmehr errötende Mädchen, das unruhig zu wer-

den begann und sein bis unter den Busen herab-
gefallenes Gewand über die Schultern ziehen wollte,
bis ihr Paul zurief, sie möge doch nur nicht in Verlegenheit geraten, die Eingetretene sei seine Frau.
Auf Emma machte es nun einen eigentümlichen
Eindruck, als sie ihren Mann diesen jugendfrischen
Körperformen so gelassen, ganz in sein Kunstwerk
vertieft, gegenüberstehen sah; Paul kam ihr merkwürdiger Weise erfahrener, reifer, ja männlicher vor,
da sie ihn so gebietend dem schönen Mädchen Winke
mit dem Pinselstiel geben, dann ihn zuweilen auf
sie zutreten sah, um eine ihrer Locken über dem
nackten Busen zu ordnen. Seine keusche, feste Ruhe
diesem ein wenig ängstlich blickenden, halbentkleideten
Mädchen gegenüber imponierte ihr, sie fühlte etwas
wie die Überlegenheit männlicher Kraft von Paul
ausgehen und das Kindliche seines Wesens, das sie
sonst nicht an ihm leiden mochte, schien in diesem
Augenblick einer naiven Kunstbegeisterung gewichen,
welche, da sie seinen Augen einen höheren Glanz,
seinem Benehmen eine größere Bestimmtheit verlieh,
die gebildete Frau mit einer Art Ehrfurcht erfüllte.
Jetzt zum ersten Mal gewahrte sie auch, daß das
Talent ihres Mannes kein gewöhnliches sei, er hatte
ihrer Meinung nach den Ausdruck Antigone's entschieden verfeinert; das Bild versprach ein vorzüg-
liches zu werden. Als sie nun betreffs dieses Bildes
mehrere Fragen an ihn stellte, antwortete er sehr
einsilbig, er müsse jetzt alle seine Gedanken zusam-

men nehmen, sie möge ein ander Mal fragen. Sie, die diesen Ton an ihm nicht gewohnt war, ward, was ihr selbst auffiel, ganz kleinmütig.

„Welch schönes Bild," rief sie, um abzulenken, aus, als sie einige Zeit in einer Mappe gewühlt.

Paul warf einen Seitenblick auf das Blatt, das sie hervorgezogen und sagte: „Das hältst Du für ein schönes Bild?"

„Gewiß, das schlafende Kind hier, — ist es nicht gut?" fragte sie.

Paul lachte verächtlich.

„Merkwürdiges Kunstverständnis," murmelte er ungezogen, „es ist die größte Stümperei."

„Was? dies Bild," entgegnete sie verlegen, einsehend, daß sie sich vielleicht geirrt.

„Ich habe es nur aufgehoben, um mir ein abschreckendes Beispiel an der Schmiererei zu nehmen," erwiderte er, mit bedauerndem Lachen, welches vielsagende Lachen der Frau die Schamröte auf die Wangen lockte. Sie legte, von ihrem Kunstverständnis wenig erbaut und diesmal wirklich niedergeschlagen, das Bild in die Mappe.

„Warum soll das Bild denn so schlecht sein," entgegnete sie indes, um ihre geistige Überlegenheit wenigstens im Wortgefecht aufrecht zu erhalten und ihrem Stolz eine kleine Genugthuung zu bereiten. Er schwieg. Trotzig wiederholte sie ihre Frage und suchte sie sophistisch zu begründen, obwohl sie ihre Sache verloren gab. Endlich stellte sie so gewagte

Behauptungen auf, daß Paul es nicht länger er=
tragen konnte.

„Donnerwetter," fluchte er lachend vor sich hin,
„sie fragt auch noch — ha! ha! ha! . . . warum
das Schlechte schlecht ist —"

„Aber Paul — ich verstehe doch sonst etwas
von der Kunst," wandte sie verlegen ein.

„Das heißt, Du tappst, wie man sagt, mit der
Stange im Nebel herum," erwiderte er grob. Er
fühlte instinktiv, daß er Emma's Herz nur durch
entschiedenes, männlich=strenges Benehmen überwinden konnte, sein Herz sagte ihm das, nicht sein
Verstand, der bei ihm überhaupt immer hinter die
Empfindung oder die Phantasie zurücktrat, und als
sie nun sich zu verteidigen begann, widerlegte er sie
mit einigen treffenden Sätzen.

„Jetzt," fuhr er fort, „thätest Du mir aber
einen großen Gefallen, wenn Du gingst; Du
störst mich."

„So, so, gut," murmelte sie und entfernte sich.
Paul, der hinter ihr abgeschlossen, mußte an sich
halten, damit er sie nicht zurückrief, um sein barsches
Wesen zu entschuldigen; doch nahm ihn alsbald
sein Kunstwerk so in Anspruch, daß die ganze
ebendurchlebte Scene sehr bald seinem Gedächtnis
entschwand. Die Fragen, die er an Louise stellte,
beantwortete diese schüchtern, indem sie meist einen
ängstlichen Blick nach der Thüre warf, überhaupt
immer unruhiger zu werden anfing. Nach einiger

Zeit ließ der Maler eine kleine Pause eintreten, damit sich sein sehr ermübetes Modell ein wenig erhole. Das Mädchen stieg von der Erhöhung herab, und zog zögernd, und nicht ohne eine gewisse plumpe Koketterie, ihr Kleid über die Schultern, wobei sie zuweilen errötend Seitenblicke auf den jungen Mann gleiten ließ. Dieser fragte geistesabwesend, noch zu sehr mit seinem Bilde beschäftigt, ob sie ihm gerne sitze; sie erwiderte verschämt, sie thue es sehr gern; an seinem Bilde weitermalend, lobte er, um ihr irgend etwas Höfliches zu sagen, ihre Schönheit und als sie jetzt hinter ihm stand, faßte er sie, eigentlich ohne sich sinnlich erregt zu fühlen, mehr wie im Traumzustand, mit dem linken Arm um die Hüfte, was sie sich, sich nur wenig sträubend, gefallen ließ. Sie lächelte dumm errötend vor sich hin und that, als bemühe sie sich emsig, das herabgesunkene Kleid über die Brust zu ziehen. Der junge Maler, den Pinsel mit der Rechten auf die Leinwand drückend, sah hierbei mehr auf sein Bild als auf Louise, ihm entging sogar ihr liebevoller Blick, ihr hingebendes Wesen, bis er auf einmal, da er sie, ohne recht zu wissen, was er that, ein wenig fester an sich gedrückt, ihren Mund auf dem seinen brennen fühlte. Er hatte nicht Zeit, irgend etwas zu entgegnen oder zu thun, ein heftiges Rütteln an der verschlossenen Atelierthüre schreckte beide aus ihrer träumerischen Gelassenheit empor.

„Aufgemacht!" rief es vor der Thür, und Louise, diese Stimme erkennend, stieß einen Schrei aus und bemühte sich, ihr Kleid zu ordnen, was ihr nun aber, da sie sich übereilte, nicht gelingen wollte.

„Er schlägt mich tot!" stammelte sie verzweif= lungsvoll und Paul, der nicht wußte, ob er öffnen sollte, faßte krampfhaft seinen Malstock. Nun hörte man auch die Stimme Emma's, die den Wütenden zu besänftigen suchte; gleich darauf flog die Atelier= thüre, gewaltsam erbrochen, auf und Heinrich, der Bräutigam Louisens, stürzte herein. Louise, als sie das wutverzerrte Gesicht ihres Liebhabers er= blickte, bebte zusammen und verkroch sich hinter einigen Staffeleien. Paul trat jedoch dem Ein= dringling, der ihm freilich an Körperkraft weit überlegen war, die Malstange in der Faust, ent= gegen.

„Da also find' ich die Dirne," knirschte Heinrich, „hab ich Dir nicht verboten, Modell zu stehen? Gelt ich komme hinter Deine Schliche — aber nun sollst Du's fühlen, wer ich bin — gleich kommst Du her —!"

„Was wollt Ihr?" rief ihm Paul zu, „hier geschah nichts, was Euch oder Eurer Braut zur Unehre gereicht."

„O ja," rief der Eifersüchtige wild lachend, „seht doch — sie ist ja halb nackt — und ihr wollt mir weißmachen, hier sei alles ordentlich

zugegangen? — Ihr Heuchler — — her zu mir,
Louise!"

Er eilte auf das Mädchen zu, das schreiend
weiter ins Innere des Ateliers flüchtete, dabei
mehrere Stühle und Bilder umwerfend. Emma
rief ihrem Manne zu, er möge nicht zwischen die
beiden treten, er solle sich zurückziehen. Paul rief
nach den Dienern, der rotköpfige Liebhaber stürmte indes weiter, bis er in einem Erker das wimmernde
Mädchen am Handgelenk erfaßte; dieses riß sich
los und floh zu Paul, sich ihm, um Hülfe rufend,
zu Füßen werfend. Paul war bis jetzt ruhig geblieben, als aber Heinrich auf seiner Verfolgung
das Bild der Antigone von der Staffelei warf,
übermannte ihn die Entrüstung:

„Hinaus Kerl, oder ich lasse Dich hinaus werfen!" donnerte er und schlug dem Rothaarigen den
Malstock über den Rücken. Der Getroffene er-
wischte indes den Stock, entriß ihn dem Maler und
bedrohte denselben mit seinen Fäusten. Paul, dem
die Wut alle Kräfte verdoppelte, und der vor Emma
nicht als Feigling dastehen wollte, ergriff einen
Stuhl und rückte so bewaffnet auf seinen Feind los,
der, als er die kriegerische Miene und die energische
Haltung des Malers gewahrte, trotz seiner über-
legenen Körpergröße wirklich nach der Thüre zurück-
wich. Emma, die ihren Gatten in Todesgefahr
schweben sah und in der das weibliche Mitleid stürmisch erwachte, suchte die Kämpfenden vergebens zu

trennen. Zwar hatte ihr Paul nie besser gefallen
als in diesem Augenblick, da aus dem Träumerischen
ein Entschlossener, Thatkräftiger ward, aber das
Rohe, Gewaltthätige, das in der ganzen Scene lag,
widerte ihren feinen Sinn an. Ohne weiter viel
Worte zu machen, rief sie die Bedienten zusammen,
die sich um ihren Herrn zu scharen begannen und
dadurch den Kampf in ein friedliches Wortgefecht
auflösten. Da der eifersüchtige Liebhaber darauf
bestand, winkte der Maler das Mädchen herbei,
befahl ihr, sich anzuziehen und das Haus zu ver=
lassen, nahm aber dem Rasenden das Versprechen
ab, er dürfe sie in keiner Weise züchtigen. Heinrich
versprach letzteres, Louise jedoch erklärte, sie könne
thun und lassen, was ihr beliebe, sie wolle sich
zwar jetzt von hier entfernen, verbitte sich jedoch
jede Begleitung. Heinrich schaute finster drein und
fragte sie: ob sie ihm den Laufpaß geben wolle,
ihm sei's schon recht, eine Dirne werde er nie
heiraten; Louise, die sich angezogen, erwiderte ihm
nichts, sie schritt trotzig an ihm vorbei, während er
einen Fluch vor sich hinmurmelnd, ihr nachging.
Paul sah indes von seinem Fenster aus, daß die
beiden sich in einiger Entfernung von dem Haus
vereinigten und sich, wie es schien, aussöhnten; darüber,
daß der Liebhaber noch mehrmals die Fäuste nach
dem Atelier zurückballte, machte sich der Maler
weiter keine Sorgen.

Einige Tage später durchwandelte er, da es

draußen regnete, das Gewächshaus. Da er den ganzen Tag gearbeitet, fühlte er sich jetzt am Abend ermüdet, welche Ermüdung ihm das Nachdenken über Emma's Schroffheit noch lästiger machte. Seit jener Scene vor dem Bilde, zog sie sich fast noch mehr zurück, und als nun der blaue Strahl des Mondes in den Glasscheiben des Gewächshauses flimmerte und herabsank auf die ausländischen Pflanzen, die ringsum standen, mußte er sich gestehen, daß er doch ein reicher und zugleich armseliger Mensch sei. Während er sich auf einer, unter dichten breitblättrigen Pflanzen versteckten Bank nieder-ließ, malte sich seine, von der stillen Mondschein-dämmerung entzündete Phantasie aus, wie er jetzt so behaglich mit Emma auf diesem verborgenen Plätzchen mitten unter diesen schimmernden Dolden ausruhen könnte. Hier auf dem kleinen runden Tisch müßte eine Lampe ihren friedlichen Schein rings auf die exotischen Blumenkelche werfen, dort müßte sich unser Papagei im Ringe schaukeln. Der plätschernde Springbrunnen nebenan störte dann ihr süßes Geplauder keineswegs, und wenn er hin-aufsah und dort die nickenden Palmblätter sie beide überdachten, konnte er sich nicht nach Indien träumen in ein Wunderland der Liebe? Und wenn sie ihm dann den Thee reichte und er sie küßte und sie beide sich an einander schmiegten und sie holde Worte an ihn richtete, — nein! er genoß seinen Reichtum weniger als der ärmste Arbeiter seinen Tagelohn.

Und nun zu wiſſen, wie man ihn genießen könnte! Es war unerträglich. Noch in ſolche Phantaſieen vertieft, war es ihm, als vernehme er eine wohlbe= kannte, männliche Stimme, die näher kam. Er reckte ſich auf, es war die Stimme Kahlers. Sollte die= ſer ihn hier einſam im Finſtern antreffen, ſeine Augen in jenem feuchten Glanze ſchwimmen ſehen, den der Mann ſo gerne dem Manne verbirgt? Was ſollte er da auf die Fragen des Freundes antworten? Nein! er wollte ſich ſo ruhig wie möglich verhalten um, wenn Kahler vorübergegangen, ihm zu folgen, damit es ſcheine, als habe er ihn aufgeſucht. Der feine Kiesboden kniſterte in der Nähe des Spring= brunnens, der ſeine Perlen im Mondſtrahl blitzen ließ; jetzt ſchien Kahler ſtehen zu bleiben; Paul lehnte ſich feſt an die Gartenbank und ſuchte ſeine Atem= züge zu unterdrücken. Horch! jetzt erkannte er Em= ma's Stimme, ein Grund mehr, um im Verſteck zu bleiben und nicht als weichherziger Träumer ſich von den beiden überraſchen zu laſſen. Was ſie mit einander ſprachen, der Arzt und ſein Weib, inter= eſſirte ihn nicht, obgleich er bei einiger Aufmerkſam= keit jedes Wort würde verſtanden haben, das von der gewölbten Decke des Vorbaus laut zurückgewor= fen wurde. Auch ſchien es ihm unwürdig, zu lau= ſchen, beſonders deshalb, weil der Arzt gekommen war, um über die Krankheit der Schwiegermutter Berichte in Empfang zu nehmen. Dennoch konnte der Maler nicht verhindern, daß manche Sätze allzu

deutlich an sein Ohr schlugen, deren Inhalt ihn allmählich von seinem Vorsatz, nicht zu lauschen, zu-
rückbrachte.

„Nein“, sagte Emma, „das war unrecht! und
keine Sophistik kann mich damit versöhnen. Sie haben mich in die unglücklichste Lage gebracht, Doktor.“

„Lassen Sie das Vergangene vergangen sein“,
hörte Paul den Arzt mit zitternder, gedämpfter
Stimme einwenden, „und denken wir daran, wie
wir die Gegenwart ertragen werden. Verlangen
Sie aber nicht von mir, daß ich nie mehr Ihr Haus
betreten soll, — oder — werden Sie wirklich so
grausam sein?“

„Bin ich denn in diesem Fall nicht ebenso grausam gegen mich selbst als gegen Sie?“ entgegnete
Emma, indes Paul, von einer dunklen Ahnung ergriffen, sich erhob. „Es ist das kleinste von zwei
Übeln,“ fuhr Emma fort, „ich bin immer der Meinung gewesen, man soll den Pfeil trotz seiner Wider-
haken aus der Wunde reißen; sie heilt um so schneller
und erspart spätere Qualen. Nehmen wir Abschied,
mein Freund! wer kann gegen das Unveränderliche
ankämpfen? und suchen Sie Zerstreuung in Ihrem
Beruf —.“

„Wir haben die Rollen getauscht,“ sagte nach
einer Pause Kahler; „es scheint: ich bin der Patient,
und Sie der Arzt. Ach! Emma! Wie sehr ich
fühle, daß ich schwach bin! Schwach? nein! das

ist ein zu gelinder, beschönigender Ausbruck —
schlecht, kleinlich bin ich — ganz verwandelt —!"

Der Arzt brach, da ihm die Stimme zu versagen
drohte, ab, während Emma aufseufzte, und erst nach
einiger Zeit fortfuhr:

„Ich bin in einer Gemütsstimmung, Doktor, in
der ich mich selbst nicht verstehe. Könnte mir doch
ein Mensch Aufschluß über mein eignes Inneres ge=
ben! wen soll ich lieben? wen liebe ich? — ich
fühle Mitleid mit Paul, Doktor, und ich bedaure
zugleich auch Sie, verehrter Freund, — ich weiß
nicht, was ich thun soll — was ich denken und
fühlen soll, — nur eins weiß ich, daß jene Lüge,
die Sie ihm aufbürdeten, mein Gewissen foltert."

„War es wirklich eine Lüge?" frug der Arzt
zögernd, enthielt diese Lüge gar kein Körnchen
Wahrheit?"

„Schweigen wir hiervon," fiel ihm Emma heftiger
in's Wort. „Was thaten Sie auch! Zu sagen: ich
liebe einen Menschen, den ich kaum einmal gesehen.
— Nein! ich kann es Ihnen nie verzeihen, — ob=
gleich ich begreife, daß Sie durch die Umstände
hierzu getrieben wurden. Der arme Mensch in sei=
ner Treuherzigkeit! was er nur von mir denken mag!
— welche Rolle ich jetzt spiele! Soll ich heucheln?
Liebe heucheln? Wie erniedrigend Soll ich ihm
offen erklären: du bist betrogen, man hat Dich
zum Besten gehabt! Das brächte ich nie über's Herz.
Denn, Doktor, er liebt mich aufrichtig, das fühle

ich mit jedem Tag deutlicher. Diese Liebe rührt mich oft bis zu Thränen! Ja bis zu Thränen, Doktor, denn sie ist so kindlich! Was aber soll ich thun? Oder vielmehr, was habe ich bereits gethan! — ich darf daran gar nicht denken —." Sie brach ab —.

„Was war das?" frug sie, „hörten Sie nichts?"

„Wie?" frug der Arzt zerstreut.

„Lassen Sie uns gehen," flüsterte Emma, „mir wird unheimlich in diesem großen, dunkeln Hause — das Echo schallt so stark — kommen Sie!"

Beide schritten den inneren Gemächern zu. Der Doktor preßte die Lippen aufeinander und wagte es nicht, einen innigeren Abschied zu nehmen, da Emma ihm die Hand verweigerte. Sie wandte sich halb von ihm ab, als er, einen bittenden Blick auf sie werfend, nach der Thüre zuschritt.

„Auf immer?" kam es mühsam fragend über seine Lippen.

Emma wandte sich von ihm ab.

„Für lange Zeit," corrigierte sie seine Frage, „bis —"

„Bis?" gab er fragend zurück.

„Unsere Seelen-Stimmungen sich geändert haben," sagte sie, worauf er sich, ohne eine Wort zu erwidern, entfernte.

Nun war er gegangen und sie empfand, wie sie mit Überraschung bemerkte, seine Abwesenheit nicht so heftig wie früher als eine schmerzliche Leere.

Das finstere, strenge Benehmen des Arztes übte diesmal keine so tief greifende, fesselnde Wirkung auf
sie aus; auch erschien er ihr nüchterner, zu wenig
lebhaft, trotz seiner Leidenschaft. Er erregte zu wenig ihr Mitleid, und als sie länger über ihn nach-
dachte, gestand sie sich, daß ihr Herz da am heftigsten empfand, wo es bemitleiden mußte, wo es
pflegen konnte. Nein! es entstand in der That, als
er die Thüre geschlossen, nicht mehr jene pressende
Leere, jene drückende Einsamkeit um sie her, die sich
in vergangenen Tagen auf ihre ganze Umgebung wie
ein schwerer, grauer Schleier niedergelassen. Sie
vermochte ihn zu entbehren. Vor sich hin sinnend,
entzündete sie jetzt den Kronleuchter, eilte dann in
das Gemach der Mutter und leistete der Kranken
die herkömmlichen Dienste. Als sie das erleuchtete
Gemach wieder betrat, empfand sie eine Erleichterung
in dem Gedanken, daß Dr. Kahler ihr nun nicht
mehr gefährlich werden konnte, es gewährte ihr eine
innere Befriedigung, daß sie den Streit ihrer Seele
so entschieden geschlichtet, und als sie jetzt die Schritte
ihres Mannes nahen hörte, umspielte ein verlegenes
Lächeln ihre Lippen, während eine eigentümliche,
tiefgefühlte Ruhe sie überkam, eine Ruhe, die dennoch von einer gewissen Spannung, einer Erregung
aller Lebensgeister begleitet war. Sie ergriff in
einiger Verlegenheit ein Zeitungsblatt, las jedoch
nicht, sondern belauschte die Schritte des Näherkom-
menden, die nun vor der Thüre Halt machten.

Zögerte er einzutreten? Fürchtete er sich vor ihr?
Wie wonnig doch diese Vorstellung war, wie sehr
seine furchtsame, verschämte Liebe doch ihr mitleidi-
ges Herz ergriff; ihre Augen befeuchteten sich und
sie sah beklommen über das Blatt hinweg nach der
Thüre, durch welche jetzt ihr Gatte, — ein tot-
blasser Mensch, — langsam auf sie zukam. Das
Blatt entsank ihrer Hand, die Frage: was fehlt
Dir? — wollte nicht über ihre zitternden Lippen,
als sie in dies geisterhaft blasse Gesicht, diese weit-
geöffneten Augen blickte. Paul's Bewegungen waren
schwerfällig, unzusammenhängend, als er jetzt an das
Fenster schritt, dieses schloß und vor die sprachlose,
zitternde Emma hintrat, die aus seinem ernsten, ge-
messenen, jetzt sogar männlichen Benehmen zu erraten
begann, daß er ihr eine Mitteilung von großer
Wichtigkeit zu machen hatte.

„Ich bitte um Aufschluß." stieß er mit rauher
Stimme hervor. Emma ließ sich auf den Fauteuil
nieder und suchte das Zittern ihres Hauptes dadurch
zu beherrschen, daß sie es stützte.

„Um Aufschluß," fuhr er fort, unbeweglich stehen
bleibend, „ich war soeben unfreiwilliger Zeuge eines
Zwiegesprächs, das Du mit Dr. Kahler hattest."

Sie sah einmal haftig zuckend zu ihm empor,
ließ dann den stützenden Arm wie schreck-gelähmt
sinken und lehnte das erbleichende Haupt wie ermattet an die Sammetpolster des Fauteuils. Sein
stolzes Wesen, die ruhige Art, mit der er seinen

Schmerz bekämpfte, imponierte ihr, sie fühlte sich wie gefesselt von seinen großen, vorwurfsvollen Augen, so daß sie den Ausruf: Belauscht! der ihr auf den Lippen zitterte, nicht auszusprechen wagte.

„Ich habe euch beide im Gewächshaus belauscht," fuhr er fort, „ohne Absicht, ohne es zu wollen! Es thut mir leid, daß es geschehen mußte, es ist jedoch nicht mehr zu ändern. Ich bitte Dich, mir ein gewisses Wort näher zu erklären," setzte er leiser hinzu, zwischen jeder Silbe eine kleine Pause machend, „Du sprachst dem Doktor gegenüber in Ausdrücken, die mir rätselhaft blieben, d. h. die ich nur so halb und halb verstand und die ich doch gerne ganz verstehen möchte. Also: was bedeutete es, daß Du mich als das Opfer eines Betrugs hinstelltest? sage mir die offne Wahrheit!"

Auf Emma sank schwerer und schwerer ein vernichtendes Schuldgefühl herab, jedes seiner Worte traf sie wie ein Schlag, und doch sträubte sich ihr Stolz dagegen, sich, was sie vielleicht noch gekonnt hätte, mittelst einer Verdrehung der Wahrheit aus dieser niederschmetternden Anklage herauszuwinden. Sie saß regungslos mit starren Augen vor sich hin; er hatte alles gehört, ihr Geheimnis war verraten, ihre ganze Schuld lag am Tage; aber seltsamer Weise, sobald sie fühlte, daß er alles wußte, daß er das Spiel durchschaute, bemächtigte sich ihres Benehmens eine gewisse Gleichgültigkeit,

jene Stumpfheit, wie sie der Fieberkranke der Außen=
welt entgegenbringt, indes doch tief innen unter dieser
kühlen Oberfläche ein wehes Schmerzgefühl, wie ein
glühender Dolch ihre Brust zerriß. Als Paul sie
so gleichmütig im Fauteuil sitzen sah, während sein
Inneres in Eifersucht und schmerzlicher Enttäuschung
bebte, stieg ihm das Blut in die hämmernden Schläfen,
er drückte die Hand auf die Tischplatte, daß sie
zitterte.

„Das scheint Dich, was ich Dir soeben sagte,
nicht im mindesten zu beschämen?" preßte er stotternd
hervor, sie mit funkelnden Augen messend. Immer
noch keine Antwort. „Hörst Du? Ich bitte Dich,
sitze nicht da wie eine Bildsäule, Weib! und gib
mir Antwort."

Immer noch schwieg sie, sie beugte nur einmal
langsam, wie traumbefangen, den Kopf nach ihm
hin, als suche sie nach Worten; dies geschah jedoch
in so langsamer Weise, daß den leicht gereizten, er=
regbaren Künstler ein momentanes Zorngefühl übermannte, und er die Stille des Gemachs mit einem
sehr lauten, herrischen: Hörst Du! zerriß. Emma
zuckte zusammen. So hatte sie noch kein Mensch
anzureden, oder besser, anzuschreien gewagt; denn
dieses: Hörst Du! glich mehr einem Schrei als einem
Ruf. Sie erschrak, und als er jetzt dicht vor sie
hin trat und ihr mit seinen wilden, entflammten
Augen in die ihren sah, überschauerte sie ein ganz
sonderbares Gefühl von Demut, Angst und Hingabe.

Hätte er sie in diesem Augenblick getötet, sie würde
ohne Hülferuf den Todesstreich in Empfang genom=
men haben, so gut gefiel er ihr in seiner wohlbe=
rechtigten Wut, so sehr empfand sie es als einen
Genuß, zu beobachten, wie dieser schüchterne, sanfte
Charakter sich plötzlich in einen heftigen, willens=
kräftigen umwandeln konnte. so sehr empfand sie
es plötzlich als ein Glück, diesen schönen, starken
Charakter zu besitzen, ihm unterworfen zu sein. Sie
starrte ihn an und konnte sich nicht satt sehen an
den feinen, bebenden Linien dieses Gesichts, das
selbst in seiner Verzerrung noch von eigentümlicher
Schönheit überhaucht war.

„Eigentlich weiß ich genug," sagte er dumpf,
„Du bist eine Unwürdige, soviel erriet ich. Doch
will ich Dich nicht völlig verdammen, bis ich Dich
gehört habe. Also: Ja oder Nein! Doktor Kahler
hat mich betrogen, als er mir damals mitteilte,
Du liebtest mich —? Ja oder Nein!"

Emma sah ihn immer noch wie traumverloren
an. „Ja!" sagte sie ruhig.

Er überwand das Zittern, das ihn befiel und
fuhr fort: „Und aus welchen Gründen gingst Du
eine Ehe mit mir ein? sage die Wahrheit."

„Du sollst es später erfahren," sagte sie, ihn
immer noch anblickend.

„Später?"

„Ja!"

„Ich will es jetzt auf der Stelle erfahren,"

preßte er hervor, „Du wirst sogleich die Güte ha-
ben und mir einen Grund hierfür angeben; wenn
Du mich nicht liebtest, warum nahmst Du mich zum
Mann, warum betrogst Du mich und heucheltest mir
Liebe."

„Ich habe Dir nie Liebe geheuchelt," sagte sie
mit Würde.

„Gut denn!" fuhr er fast atemlos fort, „warum
also nahmst Du mich zum Mann?"

„Weil ich meine Mutter retten wollte," entgegnete sie ruhig.

„Deine Mutter?" rief er.

„So ist es," sagte sie, „das übrige erfährst Du
später."

Beide schwiegen hierauf, bis sich Paul von der
Versunkenheit, die ihn befallen, plötzlich gewaltsam
befreite. In seiner Brust überwog der Schmerz
alle übrigen Empfindungen so sehr, daß er im Augenblick kaum mehr genau wußte, was er gefragt
und was sie hierauf geantwortet. Nur mit Anstrengung vermochte er die wirren Fäden seines Gedächt-
nisses zu durchreißen und sich einigermaßen in dem
Irrsal seiner Gedanken zurechtzufinden.

„Ich verstehe Dich nicht, ich will es nicht wissen,"
sagte er mit ernster Fassung, „was Dich zu dem
schändlichen Schritt trieb, einen Menschen, der Dich
aufrichtig liebte, zum Werkzeuge Deiner Pläne zu
benutzen und ihn zum Spielzeug zu erniedrigen, das
man nach dem Gebrauch bei Seite legt; es ist über-

flüssig, dies zu wissen, denn, wie Du einsehen wirst. sind wir beide von diesem Augenblicke an durch das Vorgefallene für immer geschieden."

Trotz der Betäubung, die ihr Blut zu Eis er= starrte, trafen diese Worte Emma's Herz wie ein elektrischer Schlag; es begann ihr vor den Augen zu flimmern; sie hörte Paul's Stimme nur noch aus weiter Ferne.

„Natürlich," fuhr er mit affektierter Kälte fort, „will ich Dir nicht länger zur Last fallen. mein Anblick muß Dir unerträglich sein, da er Dich — sofern Du nämlich noch Gewissen hast — stets an Deinen Betrug erinnern muß. Ich verlasse Dich also. Jedoch erlaube mir die kleine Rache, — ich werde mich nicht, wie Du vielleicht hoffst, gerichtlich von Dir scheiden lassen. Du sollst an mich gefesselt bleiben, diese Kette sollst Du, so lange ich lebe, mit Dir herumschleppen. Das ist die Strafe, die ich über Dich verhänge." Er wollte sich entfernen, blieb noch einmal an der Thüre stehen und bemerkte zu seiner Überraschung, daß Emma nur mit Mühe ihre übergroße Gemütsbewegung unterdrückte. Ohne davon weiter Notiz zu nehmen, sagte er noch mit rauher Stimme: „Du mußt mir erlauben, daß ich diese Nacht noch einmal unter Deinem Dache zu= bringe, ebenso, wie ich mir gestatte, die Mittel, die ich zu meinem Wegkommen von hier nötig habe, aus Deiner Kasse zu nehmen. Ich könnte sonst mein Reiseziel nicht erreichen. Fürchte jedoch nichts. Das ist die letzte Bitte, die ich an Dich richte, denn ich hoffe, daß mein Pinsel mir den nötigen Lebensunter- halt verschaffen wird, und sollte ihm dies nicht mög- lich sein, so werde ich Dir in pekuniärer Hinsicht trotzdem nicht beschwerlich fallen. Ich sage Dir das nur, um Dir anzudeuten, wie völlig Du von mir befreit bist."

Mit diesen aus einer schwerverwundeten Brust kommenden Worten verließ er das Zimmer. Emma hörte ihn draußen den Dienern noch einige Befehle betreffs der morgen stattfindenden Abreise erteilen; der Wagen sollte bestellt, der Koffer gepackt werden. Dann überwältigte sie ein unbegreifliches Schmerz- gefühl, sie drückte die Hände vor das Gesicht und kämpfte mit den Thränen, die ihr in den Augen brannten. Während ihr die Thränen die Finger netzten und sie sich vergeblich bemühte, den Krampf, der ihre Brust erschütterte, niederzukämpfen, blieb es ihr eigentlich selbst rätselhaft, warum die eben durchlebte Scene einen so überwältigenden Eindruck auf sie gemacht, warum Paul auf einmal in einem ganz anderen, fremden Lichte vor ihrer Phantasie stand und sie ihm sofort hätte nacheilen mögen, um ihn um Verzeihung zu bitten. Sollte sie es thun? war sie doch der schuldige Teil! Und wenn er nun erst die ganze Sachlage gekannt hätte, ihr eigen- tümliches Verhältnis zu Kahler —! sie schauderte vor einem Bekenntnis zurück, das Dinge enthüllt haben würde, die er ihr niemals hätte verzeihen

dürfen! Niemals? Nein! Das würde sie nicht
ertragen haben; seinen Groll, seine Verachtung würde
sie nicht ertragen — er sollte sie nicht verachten!
Und wenn er nun abreiste, mittellos in die Welt
hinauszöge, wie einsam, wie schuldbeladen blieb sie
alsdann zurück, wo fand sie die Ruhe weiterzuleben?
ihre Tage waren ohne Sonne, ihre Nächte ohne
Schlaf, der Gedanke an ihr ungesühntes Vergehen
raubte ihr alle Lebensfreude, raubte ihr Gesundheit
und Ruhe. Nein! er sollte bleiben! Aber wie ihm
dies zu verstehen geben —! Es ihm sagen? Ihn
bitten? Sie fürchtete ihn auf einmal, mehr als
wie sie einstmals Kahler gefürchtet, es mischte sich
eine wunderliche Demut, eine beängstigende Scham
in diese Furcht. Sie stand auf und erblickte sich
mit ihren verweinten Augen im Spiegel; sie hätte
es ohrfeigen mögen, so sehr erregte das Bild im
Spiegel ihren Grimm, so sehr war sie in ihrer eignen Achtung gesunken. An's Fenster eilend, gewahrte
sie eine dunkle Gestalt, die im Parke auf und nieder schritt, während die Wipfel der uralten Bäume
im Mondlichte flimmerten. Dort wandelte er allein
mit seinen Schmerzen, die sie ihm erregt und die
er jetzt vielleicht vergeblich zu überwinden suchte.
Der Nachtwind, der ihr entgegenschlug, erschreckte
sie, das Rauschen der Bäume klang ihr wie ein
Vorwurf, die ganze mondbeleuchtete Nachtlandschaft
hatte einen beängstigenden, aufwühlenden Reiz für
ihr Gemüt. Sie wischte die Thränen hinweg, aber

die läftige Empfindung, der diefe Thränen ihre Ent=
ftehung verdankten, vermochte fie nicht hinwegzubannen,
bis fich fchließlich diefe qualvolle Empfindung in
einen weichen, faft angenehmen Schmerz auflöfte.
In diefes fchmerzlich=wonnige Träumen verfunken,
das mit ihrer Phantafie, ohne daß fie es felbft
wußte, fpielte, beobachtete fie die Geftalt, die ohne
Hut in die Nacht hinauseilte, und als jetzt der
Mond hinter den Wolken verfchwand und einige
Regentropfen auf ihre heiße Stirne fprühten, wie
fehr fühlte fie das Bedürfnis, dem einfamen Wandrer
dort zuzurufen, er möge fich nicht dem kalten Regen
ausfetzen, der ftärker und ftärker niederzuraufchen
begann. Aber er würde fie nicht gehört haben,
nicht auf ihre Bitte geachtet haben. Sollte fie den
Diener hinausfchicken, ihn zu bitten? Das Herz
fchlug ihr immer heftiger, je lauter der Regen vom
Winde durch die Bäume gepeitfcht wurde, fie fah
das bleiche, immer noch ein wenig kränkliche Gesicht
vor ihrem inneren Auge ftehen, und der Drang,
dies edelgeformte Haupt vor Unheil zu fchützen, er=
wachte mit beunruhigender Gewalt in ihr. Hing
diefe Sorge mit der allgemeinen Menfchenliebe zu=
fammen? Sie dachte hieran nicht; in ihr, die fonft
fo ftolz auf ihr philofophifches Denken war, beherrfchte
jetzt die Empfindung völlig das Denken. Plötzlich
wurde die Hausthüre heftig geöffnet, Emma hörte
unfichere Schritte. Der Schrei ihrer Dienerin Louife
durchhallte den Hausgang.

„Schweigen Sie, es ist nichts!" entgegnete eine keuchende Stimme, in der die Frau diejenige ihres Mannes erkannte.

„Hülfe!" hörte sie die Dienerin rufen, „der Herr — gnädige Frau — der Herr — Blut! — —"

Blut? hörte sie recht? Oder lag sie im Fieber= wahnsinn? Ihr Herz krampfte sich zusammen, als wolle es stillstehen und schlug dann so stark, daß ihr der Atem stockte. Emma war schreckensbleich an die Thüre getaumelt, riß dieselbe auf und fand, als sie, an allen Gliedern wie gelähmt, auf den Haus= gang wankte, ihren Gatten an das Geländer der Treppe gelehnt, von allen Dienstboten umgeben.

„Was ist geschehen?" rief sie, und als man ihr Platz machte und sie näher hinzutrat, erblickte ihr entsetztes Auge ein blasses Gesicht, fast gebrochene Augen, bläuliche Lippen, die, mit Blut befleckt, die unheimliche Röte bis auf das Hemd herabgossen. Emma wußte im ersten Augenblick der starren Ver= zweiflung nichts anders zu thun, als ein kaum hör= bares: Verzeihung! vor sich hin zu hauchen; „das ist Deine Schuld," dröhnte es in ihren Ohren; dann begann es ihr zu schwindeln, die Luft um sie ver= dickte sich, blutige Flecken überall; dann fühlte sie, daß die Zofe sie unterstützen mußte, aber ihr star= ker Charakter half ihr über diese momentane Schwäche hinweg.

„Zum Arzt, sogleich!" stieß sie hervor, raffte ihre entschwindenden Sinne zusammen und ordnete an, daß sogleich Salzwasser gebracht werde, und daß zwei Diener den Herrn so vorsichtig wie möglich auf sein Zimmer tragen sollten.

„Du hast Blut gespieen, Paul?" frug sie, ganz sinnlos, ohne zu wissen, was sie that, als die beiden Diener den regungslosen Herrn die Treppe hinauf= trugen und sie ihnen nachging. Oben vor der Zimmer= merthüre angekommen, wollte sie öffnen, aber da wandte Paul langsam sein blutüberströmtes Gesicht zu ihr hin, bewegte die totesmüden Lippen, aus welchen kein Wort gelangen konnte und machte mit beiden Händen eine heftig abwehrende Bewegung, als wünsche er nicht, daß sie sich weiter mit ihm beschäftige. Emma rang, bis in's Innerste ergriffen, die Hände; der Anblick des zürnenden, blutüberström= ten Gesichts folterte ihr Gewissen der Art, daß sie dem Wahnsinn nahe zu sein glaubte.

„Paul," rief sie flehend, die Hände vor der Brust übereinander gefaltet. Der Gesichtsausdruck des Be= dauernswerten wurde immer drohender, seine abweh= renden Bewegungen wurden leidenschaftlicher, drin= gender. Emma stand ratlos vor der Thür, drückte dann die beiden Hände vor das Gesicht und sank darauf mit einem kurzen Aufschrei bewußtlos einem der Diener in die Arme.

——— ———

„Wie fühlen Sie sich heute, lieber Paul?"

Diese Worte richtete Frau Bankier Weber an
den auf einem Sopha ausgestreckten jungen Mann, in=
dem sie ihm eine Tasse Fleischbrühe überreichte.

„O, es geht so weit besser," erwiderte der Ma=
ler, die Tasse, die in seinen kraftlosen Fingern zit=
terte, auf den kleinen, neben dem Ruhebett stehenden
Tisch setzend. Die junge Frau sah mitleidig auf den
armen Menschen herab und, indem sie ihm halb
lächelnd, halb wehmütig mit der Hand über die
heiße Stirn fuhr, sagte sie:

„Wie gut, daß ich Sie pflegen durfte — ich
begreife sehr wohl, in der Nähe jener an deren wären
Sie uns nicht erhalten geblieben."

Der Maler nickte stumm vor sich hin. Er hatte
keinen wortreichen Dank für die Sorgfalt, mit der
ihn eine fremde Frau gepflegt; die Enttäuschung,
die ihm jene, die er geliebt, bereitet, legte noch im=
mer einen schweren Schleier über sein Denken. Er
wußte nun alles, seinen fortgesetzten Fragen hatte
man nicht widerstehen können, er wußte, aus welchen
Gründen Emma nach seiner Hand getrachtet. Während

seiner ganzen Krankheit hatte er unaufhörlich fortgewollt, es war ihm unerträglich gewesen, in ein und demselben Hause mit der zu wohnen, die ihn so schändlich erniedrigt. Der Arzt widersetzte sich dem Wunsch des Kranken auf das standhafteste und erklärte, die Erschütterung des Tragens oder Fahrens — abgesehen von dem Fieber des Patienten — sei schon hinreichend, die allerschlimmsten Folgen herbeizuführen. So mußte er sich fügen, litt aber nicht, daß Emma in seine Nähe käme; ja ihren Schritt vor der Thüre zu hören, brachte ihn in Unruhe; ihre Stimme wirkte der Art angreifend auf sein Nervensystem, daß sich das Fieber sofort steigerte und sein ganzes Wesen die höchste Exaltation verriet. Ja selbst, wenn er sie gar nicht hören konnte, ahnte sein gereiztes Gemüt ihre Nähe; es war mehrmals vorgekommen, daß er zu seiner Wärterin sagte: Emma solle gehen, sie befinde sich im Nebenzimmer und, als die Wärterin ihm solche Wahrnehmung ausreden wollte, und er auf seiner Behauptung bestand, und die Wärterin die Thüre öffnete, stellte es sich heraus, daß er Recht gehabt. Emma, der man von diesem überreizten Gemütszustand Paul's Kunde gegeben, suchte sich zu fassen. Der junge Arzt deutete ihr schonend ihres Mannes seltsame Abneigung an; sie werde sich von jetzt an nur noch im unteren Teil des Hauses aufhalten, sagte sie, aber sie sagte es tonlos, mit weggewandtem Gesicht, so daß Herr Dr. Buchbaum es für gut fand, hin-

zuzusetzen: Mit krankhaften Aversionen und Passio=
nen müsse man Geduld haben.

„Natürlich,“ sagte Emma ruhig.

„Aber die Pflege?“ wandte der Arzt ein.

Emma besann sich. Da wollte es der Zufall,
daß sich Frau Bankier Weber in diesem Augenblick
anmelden ließ, um sich nach dem Befinden des jun=
gen Mannes zu erkundigen. Kaum hatte diese von
der Sachlage gehört, als sie erklärte:

„Kranke zu pflegen sei von jeher ihre Lieblings=
passion gewesen, sie werde, wenn man es ihr er=
laube, hier bleiben, hier Wohnung nehmen und mit
Freuden die Wartung des Hülflosen übernehmen.
In der That entwickelte die hübsche Frau eine leiden=
schaftliche Sorgfalt, eine Aufopferungsfähigkeit, die
selbst dem Arzt hohe Achtung abnötigte. Sie war
unermüdlich, wachte und sprach zu, verrichtete jeden
Dienst, selbst den widerwärtigsten, immer in dersel=
ben sanften Weise. Freilich lag etwas Affektiertes
in der Art ihres einschmeichelnden Benehmens, et=
was Katzenartiges, Weiches; man sah das Genuß=
süchtige, Lebenslustige ihres Charakters immer durch
die ernsthafte Hülle durchschimmern, aber man sah
gern über diese Schwäche weg, wenn sie ihr zart=
fühlendes Lächeln übertrieb, man überhörte den zit=
ternden Ton ihrer allzu gefühlsseeligen Stimme, denn
die Unermüdlichkeit ihrer Hülfeleistungen ließ darauf
schließen, daß es mehr als bloßes Mitleid war, was
sie an das Krankenbett des Malers fesselte. Paul,

deſſen Krankheit anfangs eine ſo gefährliche Höhe
erreicht, daß er kaum bemerkte, wer um ihn bemüht
war, erkannte allmählich, als der ſchwere Nebel des
Fiebers, der ihm alle Dinge zuhüllte, gewichen war,
mit welcher Hingabe er von dieſem üppigſchönen
Weibe gepflegt wurde. Je klarer es in ſeinem In=
nern wurde, deſto mehr ſchloß er ſich, wie ein ge=
kränktes Kind, an ſeine Wärterin an, aber deſto hef=
tiger ward die Abneigung, die er gegen jene andere
empfand, deren Namen er nicht gern ausſprach.
Seine Empfindungen ihr gegenüber waren gänzlich
umgewandelt. Nicht, daß ſie ſeine Eigenliebe gekränkt,
beleidigte ihn; der Betrug, den man gegen ihn, ge=
gen ſein Seelenleben in's Werk geſetzt, empörte ihn;
bittrer Haß, Verachtung ſtieg in ihm empor, wenn
er an ſie dachte, ja mit Befremden fühlte er, daß
er faſt einen Ekel vor ihrer ganzen Erſcheinung em=
pfand. Denn ſie, die er vorher vergötterte, war
ihm herabgeſunken zur ſchlauen, herzloſen Intriguan=
tin, zur genußſüchtigen, geldgierigen Dirne, und er
begann ſich ſelbſt zu verachten, da er ſich von einer
ſolch Niedrigen hatte umgarnen laſſen.

„Wollen Sie Ihre Frau nicht einmal ſehen?“
frug ihn jetzt Frau Weber.

Er ſah haſtig auf. „Meine Frau?“ ſagte er
mit verächtlichem Lachen, „iſt ſie das noch?“

„Sie bat mich ſo bringend,“ fuhr ſie verlegen
fort.

„Sie bat —?“ fiel Paul ein.

„Ja, sie wollte nur einmal sehen, wie —" Frau
Weber brach ab, da sie des jungen Mannes nervöse
Unruhe bemerkte, es schien fast, als seien ihm die
Thränen nah, so verzerrten sich seine Gesichtszüge.
Sie sprach rasch von andern Dingen, dem Wetter,
der Kunst und eilte dann zu Emma, die in den
unteren Zimmern auf sie wartete. Frau Weber war
halb und halb in das ganze Zerwürfnis eingeweiht
worden; Paul konnte in seiner hingebenden Weise
nicht leicht etwas verschweigen, wenn es sein ganzes
Inneres in Erregung versetzte. Und die schöne
Frau war gutmütig genug, troß ihrer Leidenschaft
zu dem Kranken, die Vermittlerin zwischen den beiden Gatten zu spielen. Manchmal freilich empfand
sie eine grausame Lust daran, Emma zu quälen, ihr
das Unrecht, das sie begangen, vorzuhalten. Sie
fand Emma auf dem Divan ausgestreckt liegen, die
eine Hand hielt sie unter dem Kopf, die andere griff
in ein zusammengefaltetes Buch. Frau Weber bemerkte, daß in diesem Heft eine Bleifeder lag und,
als nun Emma, durch die Schritte der Eintretenden
emporgeschreckt, dies Heft zu verbergen suchte, sagte
die Bankiersfrau: „Gewiß, Sie haben gedichtet —
nicht wahr? Man weiß ja, daß Sie schriftstellerische
Anlagen besißen."

Über Emma's Erscheinung lag· eine auffallende
Müdigkeit gebreitet. Sie setzte sich ein wenig empor, sah ausdruckslos mit gebrochenen Augenlidern
durch die Glasthüre in den Park hinaus und frug

dann, ob ihr Gatte denn noch immer —, sie fand
das rechte Wort nicht und stammelte, ob er noch
immer so hochgradig nervös sei. Elisabeth fühlte
mit der mühsamen Art, mit der sie diese letzten
Worte betonte, Mitleid; ihr Auge blickte so fragend,
ihr früher so stolzes Benehmen war einer scheuen
Ruhe gewichen.

„Er will noch niemand sehen,“ sagte Elisabeth
ausweichend. Emma preßte die Unterlippe fest auf
die Oberlippe und sah starr vor sich hin.

„Gedulden Sie sich noch ein wenig, liebe
Frau —,“ tröstete jetzt Elisabeth, „gewiß, wenn der
erste Sturm vorüber ist, — gewiß, er ist so kindlich, gutmütig, er wird sich wieder mit Ihnen aus-
söhnen.“

Elisabeth fühlte aufrichtiges Mitleid mit der
bekümmert Daliegenden, dennoch mischte sich ein
wenig Schadenfreude und Eitelkeit in dies Mitleid
und schließlich gewann die Schadenfreude so sehr
die Oberhand, daß sich ein feines ironisches Lächeln
in ihren anfangs schmerzlichen Zügen Bahn brach.

„Er wird mir nie vergeben,“ kam es nun leise
über die Lippen Emma's.

„Meinen Sie wirklich?“ frug Elisabeth neugierig.

„Nie—.“

„Nun, die Zeit thut viel.“

„Hier nicht, ich fürchte — o ich fürchte —!“
Nun änderte die Bankiersfrau ihr Zureden und

leise vom Dämon der Eifersucht gekitzelt, konnte sie nicht länger dem Reiz widerstehen, durchfühlen zu lassen, daß sie als Krankenpflegerin entschieden die Begünstigte sei.

„Allerdings —" warf sie zweideutig hin und zuckte die Achseln, „allerdings — hier —"

„Sie glauben also auch — ?" frug Emma kaum hörbar, scheu zu der Pflegerin des Gatten auf= blickend.

„Wenn ich ihn so beobachte," fuhr Elisabeth fort, „ich weiß in der That nicht, ob er jemals — aber verlieren Sie den Mut nicht, meine Liebe — freilich, freilich — !"

„Sie glauben, er werde mir nie mehr verge= ben — ?" frug Emma mit rauher, zitternder Stimme.

„O, regen Sie sich nicht auf," erwiderte die andere scheinbar gutmütig, als sie bemerkte, wie ihre Freundin erbleichend das Buch, das sie in Händen hielt, zu Boden fallen ließ.

„Sie irren sich," entgegnete Frau Steinacher, durch diesen gutmütig sein sollenden Ton gereizt, „Sie können sich irren —."

„Wenn ich mich irre, um so besser," erwiderte die andere, „aber bitte, regen Sie sich nicht auf; das schadet Ihnen —."

„Ich sage Ihnen, Sie irren sich!" rief nun Emma leidenschaftlich, „er wird mich lieben, ich weiß, daß er mich stark, tief liebte, und solch eine Liebe kann sich nicht plötzlich in Haß verwandeln. Wenn er nur

erst gesund ist, und ich ihn um Verzeihung bitte
— o — dann verzeiht er mir!"

„Wenn Sie das wissen, ist es ja sehr gut," sagte
Elisabeth kühl, die Hand vor den gähnenden Mund
drückend.

Emma brach ab, sah mit flammenden Augen
um sich, stand auf und schritt an die Glasthüre.
Nach einiger Zeit, während welcher Elisabeth mit
verdutztem unschuld = heuchelndem Gesichte dasaß,
wandte Emma ihr Gesicht wieder der Freundin zu.

„Ich bin Ihnen viel Dank schuldig," sagte sie
ruhig, verzeihen Sie mir meine Herbheit; Ihre
treue Wartung des Kranken verdient die höchste
Anerkennung." Darauf schritt sie auf die Pflegerin
ihres Gatten zu, faßte deren Hand und umarmte
sie. Ihre Dankbarkeit kam aus dem Herzen und
ging zu Herzen. Elisabeth's eifersüchtige Regungen
schmolzen allmählig, und als nun Emma, fast dem
Weinen nahe, darüber klagte, daß sie die Pflege
ihres Mannes Fremden überlassen müsse, erwiderte
die kleine Bankiersfrau gerührt, sie wolle in Paul
dringen, er werde es doch mit der Zeit zugeben,
daß seine eigene Frau ihn besuche; auch hoffe sie,
den Maler betreffs seiner Abreise umzustimmen. In
der That schien die leicht Bewegliche nun wieder
umgestimmt, die verschiedenen Seelenregungen schlugen
nicht sehr tief Wurzel in ihrem Innern. Emma
verlor keinen Augenblick hindurch ihre ruhige Über=
legung, der Schmerz riß sie nicht zur Unbesonnen=

heit hin; sie klagte sich zwar an, sie sprach auch einmal von ihrer Reue und es gewährte ein seltsames Schauspiel, die Charakterfeste mit ihrer inneren Ratlosigkeit ringen zu sehen; stets bewahrte sie jedoch äußerlich ihre Würde in solchem Grade, daß man sie fast für herzlos hätte halten können. Erst als Frau Weber gegangen war, überließ sich Emma ihren Empfindungen, doch machten sich dieselben nicht etwa in Ausrufen oder heftigen Bewegungen Luft, ja sie traten selbst im Innern der Frau nicht stürmisch auf. Es lag auf ihren Zügen wie eine schwere Müdigkeit, sie schien ganz in sich versunken, bewegungslos saß sie auf dem Divan und hob nur zuweilen die Hand an die Stirne. „Wenn es mir nur nicht geht, wie der Mutter," dachte sie manchmal, als sich die Gedanken in ihrem Kopf auf wahrhaft beängstigende Weise drängten und sich gegenseitig, so zu sagen, auf die Zehen traten. Das Schuldbewußtsein war in ihr zu einer so unerträglichen Höhe angewachsen, daß es sie zuweilen überfiel wie ein Seelenkrampf und sie sich sagte: könnte Paul in dein verwüstetes Innere blicken, gewiß, er würde dir verzeihen aus Mitleid, denn er würde nicht haben wollen, daß dich die Reue über das Geschehene bis zur Krankheit, bis zum Wahnsinn treibt. Ja zum Wahnsinn; es war ihr zu Mut, als habe sie einen Mord begangen. Und hatte sie nicht? Ihre Phantasie begann sich Bilder auszumalen; sie fühlte, daß der Keim zu einer fixen

Idee sich in ihr zu bilden begann: es setzte sich etwas Unbestimmtes in ihrem Kopfe fest, sie fühlte jetzt den Trieb, hell aufzulachen, indes ihr doch der Schmerz die Kehle zuschnürte. Selbst ihre angeborene Gabe, das Leben von höheren, philosophischen Gesichtspunkten aus aufzufassen, half gegen dies lästige, niederdrückende Gefühl wenig oder gar nichts, im Gegenteil, diese Gabe hielt ihr das Unwürdige, Unweibliche ihrer Handlungsweise nur mit desto quälenderer Deutlichkeit vor. Nun hatte sie Paul drei Wochen lang nicht gesehen und sie gestand sich, es zog sie eine verzehrende Sehnsucht zu ihm hin, den sie bisher so hochmütig behandelt und vor dem sie sich nun so gern gedemütigt hätte; es war ihr, als könne sie nicht ohne ihn leben, und doch trug sie das beschämende Bewußtsein in sich, daß er sie nicht einmal sehen wollte, daß sie ihm verhaßt war. Und sie durfte ihm nicht einmal mehr zürnen; sie fühlte: was sie gethan, durfte ein Mann nicht verzeihen; je feiner die Gemütsart dieses Mannes war, desto weniger konnte er die Art, wie sie in seinen Besitz gelangt war, billigen. Nur zwei Mittel gab es vielleicht noch, das Herz des Getäuschten zu besänftigen: wenn sich dies beleidigte Herz davon überzeugen ließ, daß sie der Mutter zulieb so handeln mußte, wie sie gehandelt, und daß seit einiger Zeit in dem Busen der Reumütigen das Gefühl eingekehrt war, welches der Betrogene früher gesucht und nicht gefunden hatte.

Aber würde Paul an diese Liebe glauben? Und wie ihm
deutlich machen, daß sie ihn nun lieben gelernt?
Ja sie gestand sich: sie war zu stolz dazu, ihn
merken zu lassen, daß sie ihn liebe; sie gestand sich,
daß nur außerordentliche Ereignisse sie dazu bewegen
könnten, ihm mit klaren Worten ihre innere Um=
wandlung zu enthüllen, und doch erlag sie fast dem
verzehrenden Bewußtsein, von ihm falsch verstanden
zu werden, und doch saugte das Zurückdämmen einer
plötzlich erwachten Leidenschaft an ihrem Herzblut.
Als es allmählig zu dunkeln anfing, eilte sie ohne
eine Kopfbedeckung in den Park, schritt nach dem
Walde zu, blieb dann aber vor einem Fenster des
Hauses stehen, durch dessen blauen Vorhang das
Nachtlicht gedämpft glomm. Hier oben, wußte sie,
lag nun Paul, und es kam ihr auf einmal ganz
kindisch vor, daß sie, die philosophisch gebildete,
denkende Frau, zu diesem Fenster emporsah, wie ein
schmachtender Jüngling, der vor der Kammer seiner
Angebeteten Thränen vergießt; es war ihr als sollte
sie ihre Leidenschaft verachten, als sei dieselbe einer
großdenkenden Seele unwürdig. Und doch konnte
sie sich nicht über diese Kleinlichkeit erheben. Sie
errötete vor sich selbst, als sie wahrnahm, daß
eigentlich die Sinne die versteckten Triebfedern dieser
Leidenschaft waren; ihr scharfer Verstand sagte ihr
das, ihr fein entwickelter, durch das Studium von
Kunstwerken erhöhter Schönheitssinn malte ihr die
Gestalt des Gatten mit idealen Farben. Paul's

edelgeformte Hand, sein Mund, seine Gesichtsform,
auf die sie noch vor wenigen Wochen gar nicht geachtet, tauchten sehnsuchterweckend in ihrer Phantasie
auf, übten eine bestrickende Wirkung sogar auf ihr
Gemüt aus. Was hätte sie darum gegeben, wenn
diese Hand in ihrer Hand, dieser Mund auf ihrem
Mund geruht —! es überschauerte sie, wenn sie
hieran dachte, und doch schämte sie sich, daß sie hieran denken mußte. Ihr durch Eindrücke der Kunst
und Wissenschaft geadeltes Innere bebte vor allem
Unweiblichen, die Sinne beschäftigenden zurück. Als
sie länger zu dem Fenster hinaufblickte, konnte sie
dem Drang nicht widerstehen, sie mußte ihn sehen;
ihre ganze, von Bildung gezügelte dämonische Natur
war in ihr erwacht. Leise schlich sie sich die Treppe
hinauf; Elisabeth war im Augenblick abwesend; die
Thür zu Paul's Schlafgemach stand offen. Dort
sah sie ihn liegen auf dem Bett; von der Lampe,
die auf dem Nachttische brannte, milde beleuchtet,
hob sich sein edelgeformtes Antlitz weiß aus den
Kissen. Sie sah, daß er schlief; die tiefen Schatten,
die sich um sein geschlossenes Lid lagerten, der
schmerzliche Zug, der ihm die Mundwinkel herabzog,
erfüllten sie mit Ehrfurcht; eigentümlich berührten
sie die krankhaften, gelbblauen Schatten, die sein
schwarzes Haar auf die elfenbeinweiße Stirne warf.
Leise schlich sie sich heran, setzte sich auf den neben
dem Bett stehenden Stuhl und belauschte atemlos
die Atemzüge des Schlummernden, während ihr tie-

ſes Mitleid mit dem Hülflosen, das Gefühl, daß ſie
die Urſache ſeiner Leiden war, ihr Auge befeuchtete.
Und wenn du ihn nun wirklich getötet? Sie ver=
ſcheuchte dieſen Gedanken und konnte ſich, von ver=
zehrender Sehnſucht erfaßt, nicht enthalten, ihr Geſicht auf das des Kranken herabzuneigen. Vielleicht
zum erſten Mal in ihrem Leben ſchwellte ein hinge=
bendes, faſt mütterliches Gefühl ihren Buſen; es
war ihr, als müſſe ihre Reue von dem Schläfer,
ohne ihr Zuthun, inſtinktiv empfunden werden, ſobald
ſich ihr Odem mit dem ſeinen miſchte; es war ihr,
als müſſe er im Traume ahnen, welche Veränderung
in ihr Platz gegriffen. Ein etwas heftigerer Atemzug
des Schlummernden ſcheuchte ſie jedoch in die Höhe,
aber es war zu ſpät, Paul hatte im Halbſchlaf die
Augen müde geöffnet, beider Blicke begegneten ſich.
Emma fuhr tief erblaſſend zurück, Paul ſchnellte in
den Kiſſen empor und, während ſich ſeine Frau,
zitternd, den feuchten Blick zu Boden ſchlagend, vom
Stuhl erhob, ſtarrte er ſie finſter, faſt drohend, an.
Er ſagte nichts, er wollte durch eine barſch abwei=
ſende Geberde nach der Thüre hin andeuten, ſie
ſolle gehen; als ſie jedoch in dieſem Augenblick die
von Thränen verſchleierten Augen langſam, wie fle=
hend, unterwürfig zu ihm aufſchlug, begnügte er ſich
damit, ſich nach der Wand zu von ihr wegzuwenden.
Er ſah noch, wie ſie beſchämt, mit geſenktem Haupte
aus dem Zimmer ſchritt; dann lag er mit dem Ge=
ſicht nach der Wand.

IX.

Da Paul sich allmählich im Lauf mehrerer Wochen vollständig erholt hatte, wollte er seine Abreise nicht länger verschieben, zumal, da ihn Frau Weber eingeladen, den Gartensaal ihrer, nicht weit von der Stadt gelegenen Villa auszumalen. Der Herbst hatte bereits große Zerstörungsfortschritte im Park gemacht; die Bäume wurden immer gelber, der Wind wehte kühl in's Zimmer und Paul, dem die gewichene Krankheit immer noch in den Nerven lag, versank zeitweise in ein dumpfes Brüten, das ihm alle Sinne umschleierte. Im ganzen hatte das Durchlebte seinem Charakter eine männliche Kraft verliehen, die jedoch bei seiner allem Reflektierenden abholden Natur kaum bis zur Verbitterung anwuchs, nur selten, daß er aus dem, was ihm widerfahren, Schlüsse zog, um sie auf das Leben anzuwenden. Als er sich zur Abreise fertig machte und bereits unten am Thore den Wagen halten sah, der ihn nach jener Villa bringen sollte, überfiel ihn freilich eine seltsame lebensmüde Stimmung. Es war ihm denn doch, als sollte er, ehe er auf lange Zeit, vielleicht auf immer von hier wegging, noch einmal von seiner

Frau Abschied nehmen, sei es auch nur mit ein paar
trocknen Worten, die vielleicht einen bittern Stachel
betreffs des Geschehenen in ihrem Herzen zurückzu-
lassen ver.nöchten. Freilich schnürte ihm Unmut das
Herz zusammen, doch durchbrach diesen Trotz zuweilen
eine Regung flüchtigen Mitleids, wenn er bedachte,
daß sie ihr Unrecht wohl bereute. Unrecht? Sah
er, was sie gethan, denn mit milderen Blicken an?
Ein Verbrechen hatte sie an ihm, an seiner Mannes-
ehre begangen. Doch, gab es keine Entschuldigungs-
gründe? Vielleicht doch! und daß sie bereute, schien
ihm, nachdem er sie an seinem Bette weinen gesehen,
wahrscheinlich. Doch was konnt: ihm ihre Reue
nützen? Hastig schritt er auf die Thüre zu, deren
Metallgriff er faßte, sie zu öffnen und zu Emma
hinabzugehen, trotz allem Vorgefallenen sie noch einmal zu sehen. Nein! sie hat mich zu tief verletzt,
rief eine Stimme seines Inneren; das Blut stieg
ihm in die Wangen, wenn er sich ausmalte, welches
Spiel dies kluge, schöne Weib mit ihm getrieben.
Wie kläglich = kindisch und schüchtern = schulbubenhaft
stand er vor seiner eignen Phantasie da, wenn er
sich jene Scenen im Geist zurückrief, da er um ihre
höchste Gunst schamhaft geworben. Auf welch raffinierte Weise sie ihn demütigte —, wie sie seinen
Wünschen so klug auswich, sie schürte und ihnen
dann wieder Kälte entgegensetzte. Und welchen Wert
besaß er in ihren Augen, war er ihr doch nur ein
lästiges Mittel zum Zweck gewesen, die Angel, die

man nach dem Goldfisch auswirft, und die man nach dem Gebrauch wegwirft. Nein, er wollte sie nie mehr sehen, oder noch besser, er wollte ihr Gleiches mit Gleichem vergelten. Und wenn sie bereute, wollte er ihr nicht verzeihen und wenn sie fußfällig darum bitten sollte, ja selbst, wenn sie ihm jetzt ihr Herz schenken würde, wollte er es ihr hohnlachend vor die Füße werfen. Als er jetzt durch die Thüre auf den Hausgang schritt, dachte er daran, daß sie ihm unterwegs begegnen könnte; er eilte noch einmal zurück, warf einen flüchtigen Blick in den Spiegel und freute sich, daß er in dem eleganten, schwarzen Anzug einen imponierenden Eindruck machen mußte. Das kleine Bärtchen auf seiner Oberlippe hatte sich stattlich entwickelt; sein Gesichtsausdruck erinnerte in dem idealen Schwung der Linien, dem lebhaften Blick an denjenigen des unglücklichen Königs Ludwig II. von Bayern. Obgleich er sonsthin in Bezug auf Kleidung die Nachlässigkeit in Person war, zupfte er jetzt an seiner Cravatte und legte sogar die ihm verhaßten gelben Handschuhe an. Dann ging er festen Schrittes, das sichere Benehmen eines Weltmannes annehmend, manchmal ein wenig hüstelnd, die Treppe hinab und sah sich scheu um, der Scheuheit seines Blickes einen gekünstelten Trotz abzwingend. Seine Vermutung bestätigte sich; als er durch das Vorzimmer ging, rauschte die schwere Sammtportiere und Emma, die aus derselben hervortrat, that, als ob sie aus Versehen hier erschienen

sei und nun umkehren wolle. Sie neigte den Kopf
zur Seite, so daß sich das delikat geschnittene, bleiche
Profil von dem Purpur der Portiere aufs pikanteste
abhob; es lag ein melancholischer, fast tragischer Hauch
über dieser Stirne, über diesen leise zitternden Lippen, die den Schmerz hinabzuschlucken schienen, ein
Hauch von seelenvoller Schwermut, der seltsamer
Weise im Busen Paul's eine gewisse Fröhlichkeit
hervorrief. Er grüßte vornehm und wollte vorübergehen, unwillkürlich blieb aber sein Auge länger an
ihrer eleganten, vom einfachen grünen Seidenkleid
umspannten Gestalt haften, als es eigentlich beabsichtigte. Sie kam ihm in diesem Kleid unheimlich,
fast märchenhaft beängstigend wie eine schaumum-
glänzte Seenixe vor und er mußte sich gestehen, als
sie nun das Profil noch schmerzhafter, schuldbewußter
herabbeugte und mit der wundervoll geformten, vor-
nehmschlanken Hand eine Falte der Portiere fast über
ihre Züge zog, er mußte sich im verwundeten Herzen
gestehen: sie war schön! von bestrickender königlicher
Schönheit. Selbst ihre Bewegungen, die früher ein
wenig allzu frei anmuteten, waren ästhetisch schön
geworden, atmeten eine pikante, geistreiche Schwermut.

„Ich gehe," sagte er mit rauher Stimme, „leben
Sie wohl."

„Paul," stammelte sie mit ihrem Anflug von
Dialekt, „und Du verzeihst mir nie?"

„Nie?" gab er mit bittrer Betonung zurück,
„das ist lange. Jetzt gewiß noch nicht."

„So bin ich Dir verhaßt?" frug sie, immer von ihm abgewendet.

„Hm!" stieß er achselzuckend hervor.

„Du liebtest mich einst," hauchte sie errötend, und dies tiefbeklommene, schmerzliche Erröten machte auf Paul, der sie immer nur stolz gesehen, einen auf die Sinne wirkenden Eindruck.

„Mag sein," warf er mit gekünstelter Gleichgül= tigkeit hin, „Du selbst bist schuld daran, wenn das nun nicht mehr der Fall ist."

Es entstand eine Pause. Er wollte rasch die Thür öffnen, um sich der Einwirkung ihrer Worte, ihrer vornehm=sinnlichen Gestalt zu entziehen, denn er fühlte, wie seine Phantasie ihn hier zu einer un= verzeihlichen Schwäche verleitete; es begann, je länger er ihre von der Seite eng umstraffte Taille, ihr Profil, ihren runden Arm betrachtete, eine bestrickende Glut in ihm emporzusteigen, die ihn fast daran ver= hinderte, sich die Kränkung in's Gedächtnis zu rufen, die er durch dies Weib erfahren. Sie schien das mit weiblichem Instinkt zu ahnen, denn plötzlich lispelte sie ganz unvermittelt, den Kopf auf die Brust gepreßt: „Paul, bleibe hier."

Er sah sie einen Augenblick hindurch fast er= schrocken an.

„Was verlangst Du!" stieß er barsch hervor und wandte sich zum Gehen.

Die Thränen brannten ihr in den Augen und verschönerten ihr erglühendes Gesicht; dennoch blieb

12*

er unerbittlich; die Beschämung, die er durch sie er-
litten, brachte es mit sich, daß er noch kein wärmeres
Gefühl für sie fassen konnte trotz aller Bewunde-
rung ihrer Reize, daß zwischen ihm und ihr noch
eine jedes tiefere gegenseitige Verhältnis abhaltende
Scheidewand ragte.

„Bleibe hier," hauchte sie noch einmal mit zer-
fließender tonloser Stimme, und dann fühlte Paul,
wie ein leidenschaftlicher Schmerz in ihr zum Durch-
bruch kam. Sie verzerrte ihr Gesicht fast bis zur
Unschönheit, ihr Busen hob sich gewaltsam, ihr Seelen-
jammer machte sich mit der Gewalt einer Naturerschei-
nung Luft. Paul bebte. Sie schlug jetzt beide Hände
vor das Gesicht und sank einmal laut aufstöhnend
in den Sessel, der neben der Thüre stand.

„Ich weiß ja, daß ich gefehlt," knirschte sie mit
fast verzweiflungsvoller Stimme in sich hinein, „aber
dennoch thue mir das nicht, verstoße mich nicht."

Paul bemerkte mit Verwunderung, daß ihm dieser
dämonische Gefühlsausbruch Emma's, ob er ihn gleich
erschreckte, eigentlich keineswegs wärmere Empfindungen
einflößte. Er bemitleidete die Reumütige sogar, aber
es hielt ihn noch immer eine gewisse Scheu von
ihr zurück, sein so schnöde gedemütigter Mannesstolz
bäumte sich dagegen auf, mit ihr, die ihn zum Kinde
herabgewürdigt, Frieden zu schließen. Er fühlte, daß
er hier stark bleiben mußte, wollte er seine Rechte
wahren, daß er ihr seine ganze Männlichkeit ent-

gegenſetzen mußte, um nicht abermals einer Demü=
tigung ausgeſetzt zu ſein.

„Ich haſſe Dich nicht,“ ſagte er endlich, als ſie
noch immer ſtill, die Hände vor dem Geſicht, daſaß,
„wir wollen Freunde bleiben, mehr kann ich beim
beſten Willen Dir jetzt nicht ſagen. Eine ſolche
Wunde vernarbt langſam, vielleicht nie.“

Er ſetzte noch einiges hinzu, alles in einem ruhi=
gen, lehrhaften, faſt trocknen Ton. Dies kühle Be=
nehmen gab Emma allmählich ihre Faſſung zurück.
Sie unterbrach ihn, ſtand auf und zeigte ihm, in=
dem ſie auf die Portiere zuſchritt, auf einmal ein
ſo gleichmütiges, faſt trotziges Geſicht, daß er denn
doch anfing, ſein kaltes Benehmen ein wenig zu be=
reuen.

„Du thuſt wohl daran, zu gehen,“ ſagte ſie, den
Kopf in den Nacken zurückgebogen, die Augen halb
geſchloſſen, einen ſtolzen Schmerzausbruck auf den
erblaßten Zügen.

„Lebewohl.“

Er ſah ſie ratlos an und wollte erwidern; ſie
bemerkte dies und blieb ſtehen; als er ſchwieg, ſagte
ſie noch mit thränenerſtickter Stimme: „Ich habe
aufrichtig bereut, mehr kann ich nicht thun; lebe=
wohl.“ Dann verſchwand ſie hinter der Portiere.
Langſam wandte er ſich der Thüre zu. Wie gut
ihm dieſer ſtolze Schmerz gefiel, dieſe vornehme Re=
ſignation. Er ſah die Portieren zufallen, lauſchte
ihren ſich entfernenden Schritten und dachte daran,

sie zurückzurufen oder ihr zu folgen. Abneigung und Zuneigung engten ihm zu gleicher Zeit die Brust, er hätte sie küssen und zugleich beleidigen mögen und dieser Frost, der mit der innigsten Glut um die Herrschaft stritt, zerrüttete sein Gemüt der Art, daß er sich innerlich erkrankt fühlte und daß er schließlich wünschte, sich selbst entfliehen zu können. Noch immer, als er bereits im Wagen saß, stand ihr Gesichtsausdruck vor seiner Phantasie und zerquälte er sich mit der Frage, ob er vielleicht zu schroff gewesen. Hinter den Jalousieen sah ein thränenüberströmtes Auge dem abfahrenden Wagen nach, er aber wußte nichts davon.

X.

Frau Bankier Weber hatte mit glühender Unge=
buld auf Paul's Ankunft gewartet und, als er ein=
getroffen, stellte sie ihn sogleich ihrem Manne vor.
Herr Weber, der um 25 Jahre älter war als seine
Frau, empfing den Maler, wie es einem reichen
Manne geziemt; doch merkte Paul sehr bald, daß
der alte Herr sich nicht durch hohe Geistesgaben aus=
zeichnete, und daß ihm vorher durch seine Frau
mühsam allerlei Floskeln über Kunst und Wissen=
schaft beigebracht worden waren, die er dann pflicht=
schuldigst fallen ließ, wie einer, der auf der Flucht
begriffen, sich allmählich allen lästigen Gepäcks ent=
ledigt. Im Lauf des Gesprächs zeigte der dicke,
mit ungewöhnlich breiten Kinnladen gesegnete Herr
zuweilen kleine, unangenehme Angewohnheiten, die
ihm Frau Weber jedesmal mittelst Stirnrunzeln, ja
mittelst Ausrufen, verwies, so daß hierdurch die
ganze Unterredung für den fein empfindenden Paul
allmählich einen recht peinlichen Charakter annahm.
In anderer Stimmung würde er vielleicht darüber
gelacht haben, wenn er bemerkte, wie der einfältig

lächelnde Gemahl rasch die Hand von der breiten
Nase zog, an der er sich gekratzt, sobald ihm die
hübsche Frau einen entrüsteten Blick zuwarf, oder
wie er verschämt aus den Backen, die er eben erst
froschartig aufgeblasen, die eingesogene Luft entleerte,
wenn Frau Weber ein strenges: aber Karl! hören
ließ. In seiner jetzigen Gemütsverfassung berührte
ihn die Beaufsichtigung des armen Schwachkopfs nur
unangenehm, und er war sehr froh, als der Unse=
lige, durch einen sittlich empörten Blick seiner Frau
aufmerksam gemacht, mit Entsetzen gewahrte, daß er
in seiner Toilette sich hatte einen unverzeihlichen
Fehler zu schulden kommen lassen. Dieser nicht zu=
geknöpfte Knopf zwang ihn sogleich das Zimmer zu
verlassen. Frau Weber wandte sich mit feuchten
Augen zu Paul.

„Sie glauben nicht, was ich mit ihm ausstehe,“
sagte sie, „ich mußte ihn geradezu erziehen.“

Und Paul hatte trotz seiner ernsthaften Stimmung
Mühe ein Lächeln zu unterbrücken, da ihn nach der
Ausweisung des Gatten der sentimentale Blick der
kleinen Frau streifte. Nun erst, da ihn diese Scene
ein wenig aus seiner schwermütigen Versunkenheit
gerissen, bemerkte der Maler, wie geschmackvoll, um
nicht zu sagen verführerisch, sich Elisabeth gekleidet.
Auch fiel ihm ihre Erregtheit auf, die Blässe ihres
Gesichts, die sich zuweilen ohne jede Veranlassung
in helle Röte verwandelte. Was er schon oft ge=
than, that er jetzt, da er sich wieder als Herr seiner

selbst fühlte, mit aufrichtiger Innigkeit noch einmal,
er dankte seiner Pflegerin in warmen Worten für
ihre treue Sorgfalt, welchen Dank Frau Elisabeth
mit glückseligem Lächeln einsog und wofür sie ihn
mit einem vielsagenden, seelenvollen Blick belohnte.

„Sie glauben es nicht," sagte sie, „aber es waren die glücklichsten Stunden meines Lebens, die
ich an Ihrem Krankenlager verbrachte." Paul wurde
nachdenklich; diese Worte beschämten ihn fast und
es stieg jetzt erst die Ahnung in ihm empor, daß
dies Weib ihm mit zärtlicheren Empfindungen
entgegenkomme, als erlaubt war. Sie lächelte zu
ihm empor und dies ein wenig affektierte und doch
innige Lächeln verglich Paul unwillkürlich mit Emma's ernster Vornehmheit. Er kam zu keinem Resultat, wem von beiden er der Preis zuerkennen
solle, doch fühlte er der mehr üppigen, als schönen
Elisabeth gegenüber wahrhafte Dankbarkeit, schwester-
liche Zuneigung.

Der Bankier besaß eine kleine Gemäldesammlung,
die zu besichtigen Elisabeth nun den Maler auffor=
derte. Bald wandelten beide in dem geschmackvoll
dekorirten, mit Oberlicht versehenen Saale umher
und Elisabeth frug mit kindlich sein sollender Neu=
gier den jungen Maler über allerlei Technisches der
Malerei, wobei sie eine drollige Miene affektierte
und sich absichtlich unverständiger stellte als sie war,
um Paul's Redseligkeit zu wecken. Dieser, dem nun
freilich die gekünstelte Naivität der Frau keineswegs

gefiel, gab sich doch, da er wieder in seinen stumpfen
Trübsinn zu verfallen drohte, ihrem spielenden Wesen
sen ohne Arg hin. Es war ihm seltsam gedämpft
zu Mut, ganz als lebe er in einem Traum, aus
dem ihn die geringste Bewegung, das leiseste Wort
aufschrecken könne. Die Abendsonne spielte, in einem
langen Streifen durch das Oberlicht fallend, mit den
Staubteilchen und vergoldete die Rahmen der Bilder: rings in den Sälen herrschte die weihevollste
Stille, nur zuweilen unterbrochen von einem fern-
herüberhallenden Hämmern. Die Worte, welche die
beiden wechselten, riefen träumerisch die Echo's der
Räume wach, ihre Schritte hallten verloren von fer-
neren Wänden zurück; es schwebte eine eigentümliche
Sonntagnachmittagsstimmung durch diese verlassenen
Räume. Der Maler bemerkte, wie Elisabeth seinen
Auseinandersetzungen mit leuchtenden Augen folgte,
wie sie ihm immer Recht gab, und das Gefühl, auf
diese glühende Art bewundert zu werden, reizte ein
wenig seine Eitelkeit, er sprach mehr als er wollte
und schüttelte gewaltsam das geistige Ermüdungsge-
fühl ab, das ihn noch immer beklemmte. Als beide
vor die Copie einer Tizianischen Venus traten, bemerkte der junge Mann, wie Elisabeth, tief errötend,
und nicht ohne Koketterie den Kopf wegwandte. Da
sie stehen blieb, blieb auch er stehen, bis sie, da das
beiderseitige Schweigen peinlich zu werden drohte,
sich langsam zu dem nächstfolgenden Bilde wandte.
Von jetzt ab sprachen beide überhaupt weniger, auch

begann der junge Mann es allmählich überflüssig zu finden, die feinsten Bemerkungen über Zeichnung und Colorit an ein Ohr zu verschwenden, das dieselben doch nur halb oder schief auffaßte. Mehrere Äuße= rungen Elisabeths, die sie auf allerlei Ausstellungen Paul's gethan, zeugten von einer so kindischen Un= kenntnis und Verständnislosigkeit, daß der Maler sich seiner Redseligkeit zu schämen begann. Um abzu= lenken frug er, wann er mit seiner Arbeit beginnen könne.

„Wollen Sie sich nicht einmal," entgegnete ihm Elisabeth, „das Gerüst ansehen? Wir haben es ge= nau nach Ihren Angaben aufschlagen lassen, aber Sie müssen selbst nachsehen, ob man es, wie es für Ihre Zwecke tauglich, hergerichtet.

Als man den Gartensaal, der am südlichen Ende des Parks lag, erreicht, prüfte Paul das Gerüst, an dem noch gearbeitet wurde. Ein flüchtiger Blick an die hochgewölbte Decke genügte ihm; er könne, wie er sehe, bald beginnen.

„Und hier oben unter der Decke wollen Sie malen," rief Elisabeth, als sie die Höhe des Saa= les und das Balkenwerk, zu dessen oberster Bretter= lage Leitern emporführten, mit dem Auge gemessen. Paul lachte.

„Es ist freilich ziemlich unbequem, stundenlang auf dem Rücken dicht unter der Decke zu liegen," sagte er, „was thut man aber nicht, um seinen Lei=

benschaften zu fröhnen. Meine Leidenschaft ist's nun
einmal, ein richtiges Deckengemälde zu vollenden."

„Sie leiden doch nicht am Schwindel?" frug
Elisabeth ängstlich.

„Gar nicht," erklärte Paul, auch ist hier keine
Gefahr vorhanden, sehen Sie nur diese starken Bal=
ken —"

„Das ist mir ein schrecklicher Gedanke, Sie auf
diesen schwankenden Brettern in solcher Höhe zu
wissen," sagte Elisabeth besorgt, „prüfen Sie doch
vorher stets die Stricke, Klammern und Leitersprossen,
ehe Sie sich droben niederlegen."

Paul suchte sie zu beruhigen und nach kurzer
Besichtigung verließen beide den Raum. Er bemerkte
nicht, wer durch dies Gespräch aufmerksam gemacht,
sich nun langsam nach ihm umwendete und ihm mit
düstren Blicken nachstarrte. Der Schreiner Heinrich,
der Bräutigam Louisens war es, der, hinter einem
Balken stehend, in seiner Arbeit inne gehalten, so=
bald die Stimme Paul's sein Ohr berührt. Er
murmelte etwas in den rötlichen Bart, schlug ein=
mal mit dem Hammer durch die Luft, starrte gei=
stesabwesend vor sich nieder, warf dann einen scheuen,
fast irren Blick über das Gerüst und riß fluchend
den Nagel, den er eben einschlagen wollte, wieder
aus dem Balken, einen neuen einzusetzen. „Das
trifft sich seltsam," murmelte er hämisch und fügte
dann, einen scheelen Blick nach der Thür werfend,
durch die Paul gegangen, hinzu: „Dir wollen wir's

einträuken." Darauf krämpte er die vorgefallenen Hembärmel zurück und wandte sich zu seiner Arbeit, die er mit einer wahren Wut von neuem aufnahm. Als es zu dunkeln begann, schickte er seine Arbeiter fort, that auch, als eile es ihm ebenfalls nach Hause zu kommen. Der Mond stand bereits fahl am dämmernden Himmel, als Louise ihn abzuholen kam.

„Sage doch," begann sie, als beide sich auf den Heimweg begaben, „ist's wahr?"

„Was?"

„Malt der Herr Paul Steinacher hier im Saal?"

„Woher weißt Du, daß der hier Arbeit hat," frug Heinrich mißtrauisch. Die Dirne erzählte, sie habe es vermutet, da sie Paul eben im Gespräch mit Frau Weber gesehen.

„Denkst Du noch immer an den Kerl?" fuhr Heinrich auf, als sie unaufhörlich von Paul, seinem besseren Aussehen, seiner Krankheit, weiter erzählte.

„Warum soll ich nicht an ihn denken," gab sie schnippisch zurück.

„Du willst ihm wohl auch hier Modell stehen — he?" knirschte er.

„Wenn er's will, warum nicht?" warf sie hin.

„So?"

„Kann sein!"

„Gut, ganz gut," brummte er vor sich hin, indes sie ein Gelächter anstimmte und ihn bat, doch

nicht eifersüchtig zu werden, sie stehe dem Steinacher
gar nicht Modell.

„Glaub's, soll auch jetzt ein End' haben," sagte
er halb lachend, „glaub mir's, 's soll ein End neh=
men." Dann schien er gute Lust zu haben, lusti=
zu werden, begann allerlei freche Lieder zu singen
und schwieg endlich oder gab manchmal so verwirrte
Antworten auf die Fragen des Mädchens, daß
diese lachend meinte, ob er etwa zu reichlich dem
Vieruhr=Kümmel zugesprochen. Nach einiger Zeit
stummen Nebeneinanderwandelns, behauptete er plötz=
lich, er müsse sich erkältet haben, er friere, blieb
stehen, untersuchte sein Handwerkszeug und entdeckte,
daß er eine wichtige Feile in dem Gartensaal zu=
rückgelassen. Er besann sich, ob er bleiben solle,
fuhr sich in seltsamer Erregung durch die Stirnhaare,
wollte die Feile bis morgen liegen lassen, sprach
dann von einer Arbeit, zu der er sie notwendig
brauche und eilte darauf zurück, sie zu holen. Das
Mädchen, das am Gartenausgang auf ihn wartete,
konnte bald, da er ungewöhnlich lang ausblieb, dem
Trieb, ihm zu folgen, nicht widerstehen. Sie schritt
den mondbeschienenen Kiespfad entlang, bis ihr inmit=
ten der Taxushecken die hohen Fenster des im Ro=
kokostyl erbauten Saals entgegenschimmerten, in be=
ren Scheiben das letzte Rot des Sonnenuntergangs
mit dem ersten Strahl des Mondes um die Herr=
schaft rang. Der junge Schreiner, der indessen den
Saal betreten, hatte, zwar klopfenden Herzens und

mehrmals wie trunken taumelnd, aber ohne Verzug
das Gerüst besteigen. Statt jene Feile zu suchen,
lockerte er an der obersten Bretterlage mit gewalt=
samer Anstrengung eine Eisenklammer, bedachte sich
dann, den Schweiß von der Stirne wischend, einen
Augenblick und zog darauf eines der Bretter, über
welches man notwendig schreiten mußte, um unter
die Decke zu gelangen, weit über die Balkenunterlage.
Als er, mit dem Fuße prüfend, auf das Brett trat,
schlug es sofort um und er würde, wenn er sich nicht
vorgesehen, unrettbar in die Tiefe auf den Steinboden
des Saals gestürzt sein. „Jetzt ist's gut," murmelte
er keuchend, „jetzt werd' ich Ruhe haben." Die
Ruhe schien aber zu zögern, er betrachtete noch einige
Zeit hindurch stirnrunzelnd sein Werk, legte das Brett
dann wieder in die sichere Lage, die es vorher ein=
genommen, rückte es erst nach langem Bedenken wie=
der in die gefährliche Schwebe und schien noch nicht
recht einig mit sich selbst werden zu können. End=
lich kletterte er herab. Als er wieder bei Louise an=
kam, fragte diese, was er denn auf dem Gerüste zu
thun gehabt; er sähe ja ganz erhitzt aus und blicke
wie ein Narr um sich.

„Du hast mich gesehen?" fragte er verwirrt.

„Nun ja." sagte sie, „durch's Fenster."

„Die Feile lag oben," entgegnete er zögernd und
es schien, als besänne er sich, ob er nicht wieder
umkehren solle. „Ich wäre oben beinahe ausge=

glitten, deshalb ist mir noch ganz heiß." Sie sagte
nichts, betrachtete ihn aber zuweilen prüfend von der
Seite.

* * *

Einige Wochen waren verstrichen. Paul mußte
den Beginn seiner Arbeit noch um einige Zeit verschieben, da er mit seinen Skizzen noch nicht ganz
in's Reine gekommen, auch noch nicht die nötigen
Farben besaß; doch hoffte er morgen die Vorar-
beiten an der Decke in Angriff zu nehmen. Der
junge Maler saß heute Abend neben Elisabeth auf
dem Sopha und legte ihr seine verschiedenen Skiz-
zenbücher vor, deren Blätter er umwandte, indeß sie,
sich über seine Schulter beugend, herabsah, bald den
Entwurf einer heiligen Familie, bald den einer ganz
unheiligen Bacchantenscene bewundernd, auch pflicht-
schuldigst errötend, wenn das Blatt etwa unbekleidete
Männergestalten zur Schau stellte. Herr Weber war
in seinem Klub, im Hause herrschte tiefe Stille; die
Lampe verbreitete ein, vom Schirm gedämpftes,
rosarotes Licht durch das behaglich ausgestattete Gemach; das noch auf dem Tisch stehende Theegeschirr
duftete den pikanten, die Erinnerung weckenden
Theegeruch aus. Elisabeth trug ein sehr bequemes
Hauskleid, ein weites, dünnes Gewand, das ihre
biscuitfarbigen Arme, ihren Hals bis zum Busen
herab fast freiließ, und Paul, dessen Phantasie sich
an der abweisenden Strenge Emma's nun einmal

entzündet, konnte nicht anders, er mußte, trotz seines
Widerwillens, seinen Blicken Nahrung geben, mußte
dem süßschmerzlichen Triebe der Sinne wenigstens
durch Schauen nachgeben, zumal, da Elisabeth alle
Verführungskünste spielen ließ. Seine Gewissenhaf=
tigkeit sträubte sich zwar dagegen, diesem doch weit
unter ihm stehenden, schwachherzigen Weibe entgegen=
zukommen, er vermied ihre Berührungen, wich dem
Druck ihrer Arme, dem heißen Hauch ihres Atems
aus; ja, er versuchte sogar zuweilen aufzustehen, um sich
zu entfernen. Doch war er zu sehr Künstler, zu
sehr von seiner Phantasie abhängig, um hier völlig
Herr seiner selbst bleiben zu können. Und dann,
sobald er an Emma's gleichmütige, erniedrigende
Kälte dachte, stieg ein Trotzgefühl in ihm empor,
das all seine Bedenken und guten Vorsätze zu Schan=
den machte. Das ist die einzige Art, wie du dich
an ihr rächen kannst, sagte ihm sein Stolz; sie hat
es nicht besser verdient, als daß du das, was sie
dir nicht bieten wollte, nun an dem Busen einer
anderen suchst, sie soll sehen, daß du fähig bist, Liebe
einzuflößen, daß du sie nicht nötig hast, um glücklich
zu sein; du mußt sie demütigen. Vielleicht, daß ihr
alsdann erst klar wird, wen sie in dir verloren, viel=
leicht, daß sie sich dann deinen Wünschen, deiner
Überlegenheit fügt.

„Paul." sagte nun die leichtfertige, aber gut=
mütige Frau Weber mit drolligem Ernst und stützte
ihr kleines Haupt graziös auf den Arm, von wel=

chem der Ärmel völlig herabsank, „denken Sie noch recht oft an Ihre Gattin?"

„Ich habe im Augenblick an sie gedacht," erwiderte Paul schwermütig.

„Ei und in welcher Weise dachten Sie an Emma?" frug Elisabeth neugierig lächelnd, zu dem jungen Mann aufblickend und mit dem Blatt des Skizzenbuchs spielend, um ihre schönen Finger in's richtige Licht zu setzen.

„Ich dachte, ich wollte mich an ihr rächen!" entgegnete Paul errötend.

„Sie Böser," lächelte Elisabeth, nun auch errötend und sogar ein wenig zitternd, „in welcher Weise rächen?"

„Vielleicht dadurch, daß ich mich einer anderen zuwende," entgegnete er, mit den Blicken ihre fingernde Hand verschlingend.

„Das ist ein guter Gedanke," stieß sie hervor, den in träumerische Sinnlichkeit Versunkenen groß anblickend, „damit könnten Sie die Stolze, Emanzipierte strafen."

„Ich sollte ihr wohl verzeihen," sagte er, als ihn das Zittern der Frau peinlich berührte.

Es entstand hierauf eine Pause; Paul blätterte, trüb vor sich hinsinnend, im Skizzenbuch, sie betrachtete ihn mit feuchten, leuchtenden Blicken. Nach einiger Zeit begann Elisabeth von neuem.

„Wissen Sie," sagte sie, „daß Sie mir eigentlich lieb sind wie ein Kind? Seit ich Sie hülflos,

krank sah, habe ich gar keinen Respekt vor Ihnen.
Ach, wie Sie so schön waren, während Sie krank
· darniederlagen — ja, lachen Sie nur. Es war so.
Sehen Sie, hier auf der Wange —" sie deutete
ihm, den verschwimmenden Blick auf ihn gerichtet,
zart auf die Wange — „sehen Sie, hier waren Sie
so blaß und das stand Ihnen so gut —" Sie
brach ab, betrachtete mit feucht werdenden Augen
den erstaunt Lächelnden und neigte sich immer mehr
zu ihm hin. Ihr schmachtender, thränenvoller Blick
rührte ihn; es ward ihm zur Gewißheit, daß dies
Weib ihn liebte, und er neigte sich ihr, ihre kleine
Hand dankbar fassend, mit zärtlichem Blick entgegen. Da
fühlte er sich plötzlich mit beiden Händen an der
Wange ergriffen, gab dem sanften Zuge nach und
hielt sie, ehe er sich dessen bewußt war, umschlungen. Erst als der Kopf des Weibes an seiner Brust
lag, beengte ihn ein wehes Gefühl, er hätte aufspringen und ihr entfliehen mögen, deren Zärtlichkeit
ihm auf einmal einen gewissen Widerwillen einflößte.
Seine feine, pflichttreue Natur fühlte sich von dieser
unschönen Glut der Leichtfertigen verletzt; Emma's
Bild stieg in ihm empor, er sah sie vor sich in jenem Augenblick, da sie Dr. Kahlers Liebesannähe-
rungen abwies, er sah sie vor sich, als sie im Gefühl, ihres Gatten Liebe verloren zu haben, ver-
zweiflungsvoll aufschluchzend auf den Stuhl sank, und
berauscht von den Küssen Elisabeth's, deren Glut sein
allzu entzündliches Künstlergemüt nicht widerstehen

13*

konnte, empfand er ein nagendes Mitleid mit dem
müben, resignierten Blick Emma's, den dieselbe beim
Abschied auf ihn gerichtet. Er löste leise die Arme
Elisabeths von seinen Schultern, stand auf und schritt
durch die offne Glasthüre, auf die dunkle Veranda
hinaus. Vor ihm glänzte im matten Silberglanz
des Mondes der Weiher, umgeben von den schwar=
zen unheimlichen Gestalten der Bäume. Weiter hin
dämmerte eine duftverschleierte Wiese; ein kleiner
Tempel hob sein feucht schimmerndes Dach in die
Nacht empor; die Blätter rauschten verschlafen im
Wind, der zuweilen kühl an den Vorhängen der
Veranda vorbeistreifte. Es lag ihm so seltsam
schwer in den Gliedern, eine dumpfe Müdigkeit be=
brückte ihn und doch pochte sein Herz so lebhaft; es
war ihm, als müsse er einschlafen und doch hielt
ihn eine Fieberhitze, die ihm in den Adern kochte,
wach. Unwillkürlich kam ihm der Gedanke. Wie,
wenn dies Weib, das dich eben umschlungen, jene
andere wäre, wenn du diese Mondnacht hier von der
Veranda aus mit Emma genössest —? wärst du
nicht der Glücklichste auf Erden? Und was hält
dich ab, dies Glück zu genießen? Vielleicht liebt sie
dich jetzt aufrichtig? Vielleicht bereut sie nicht nur,
vielleicht entwuchs dieser Reue ein noch Edleres,
Höheres? Aber habt ihr euch nicht jede Annähe=
rung unmöglich gemacht? Habt ihr nicht die
Brücken hinter euch abgebrochen? Nein! du mußt
einsam bleiben; es ist besser, du darbst fern von ihr,

als du leidest von neuem unter ihrem Hochmut. Er senkte ermattet den, Kopf heiße Sehnsucht preßte ihm das Herz zusammen, und als nun vom Zimmer her die Töne eines Mendelsohn'schen Lied's ohne Worte an sein Ohr schlugen, brannte es ihm in den Augen wie von Thränen. Er sah durch die Glasthüre; Elisabeth saß am Klavier, in die rötliche Dämmerung des Lampenlichts getaucht; glitten ihre Finger über die Tasten. Plötzlich brach sie ab und schritt auf die Glasthüre zu.

„Paul," sagte sie, als sie vor ihm stand. Er sah zu ihr auf. „Du liebst Emma immer noch — ist es nicht so?" fuhr sie leise fort.

Er schämte sich: ja! zu sagen und schwieg.

„Du liebst eine, die Dich —" sie wollte fortfahren, „die Dich mißhandelt," schwieg aber und setzte dann verächtlich hinzu: „O, wie schwach ihr Männer seid."

„Schwach?" frug er trotzig, im Gefühl, daß sie nicht Unrecht hatte.

„Wie kannst Du ein Weib lieben, das Dich nicht liebt," hub sie von neuem an, „das ist grenzenlos schwach."

„Woher weißt Du, daß sie mich nicht liebt," gab Paul stirnrunzelnd zurück.

„Ich weiß es," stieß sie mit naiver Heftigkeit hervor, ihrer Eifersucht nachgebend, „ich weiß es! Ich habe sie während Deines Krankseins beobachtet."

„Ich glaube, hier sprichst Du nicht ganz die Wahrheit," entgegnete er ruhig; „ich habe andere Beobachtungen angestellt. Ich habe Beweise —." Er hielt inne.

„Und wenn sie Dich auch liebte," erwiderte Elisabeth, im Ton eines trotzigen Kindes, „bedenke doch, wie sie an Dir gehandelt —." Sie brach ab, schwieg einige Zeit und sagte dann in ruhigem, schmerzlichem Ton: „Ob sie Dich wohl so innig liebt, wie — eine andere?!"

Darauf kehrte sie ihm den Rücken und schritt zum Klavier zurück, wohin er ihr nach einigen Augenblicken langsam, wie schlaftrunken folgte. Als er hinter dem Klavierstuhl stand und, ohne zu wissen, was er wollte, wie traumverloren auf ihre über die Tasten gleitenden Hände herabsah, hielt sie in ihrem Spiel inne, zog aber die Hände nicht von den niedergedrückten Tasten weg.

„Paul," sagte sie mit scheuer Stimme, ohne sich umzuwenden, „nicht wahr, ich bin nach allem, was ich that und sprach, in Deiner Achtung jetzt recht sehr gesunken?" Da er nicht gleich zu antworten wußte, fuhr sie leidenschaftlicher fort: „Ich weiß es, ich bin kindisch, bin leichtsinnig, — aber wenn Du alles wüßtest, würdest Du mir wohl verzeihen, würdest Du mir verzeihen, daß ich —." Sie stockte und setzte dann zögernd hinzu: „daß ich Dich liebe."

„Wenn ich alles wüßte —?" wiederholte er

mechanisch, ohne sich zu regen, während sie sich zu ihm umwendete.

„Aber ich verlange ja auch keine Gegenliebe, Paul,“ fuhr sie mit thränenden Augen fort, „ich will mich nur für irgend wen begeistern, mein Herz braucht ein Herz, das mit ihm fühlt — weiter nichts. Ach! und mein Gatte! . . . ich muß Dir alles gestehen, damit Du Nachsicht, vielleicht Mitleid mit mir hast. Sieh, wir waren unsrer sieben Kinder eines armen Konditors, der dem Trunk ergeben — —.“ Sie erzählte ihm nun mit leidenschaftlicher Hast ihre Lebensgeschichte, aus welcher Paul erfuhr, daß sie ihrer Familie das Opfer gebracht, den reichen Bankier zum Gatten zu nehmen. Diesen, der ihr so widerwärtig war, daß sie einst in seiner Gegenwart in Ohnmacht fiel, mußte sie erziehen wie ein Kind, sie mußte den Schwachsinnigen ankleiden, ihm das Stehen und Gehen beibringen, ihn rein halten, ihm die Zähne putzen, kurz, sie verlebte an seiner Seite ein Dasein, dessen Schmach und Jammer selbst durch allen Glanz des Reichtums nicht vergoldet werden konnte. Paul fühlte, daß es weiblicher von ihr gewesen, wenn sie ihre traurigen Lebensverhältnisse für sich behalten hätte; er fühlte, daß sie mit ihrer darbenden Seele ein wenig kokettierte, doch flößte ihm die plötzlich erwachte, fast kindische Gier nach Genuß, die aus jedem Worte der Tiefentbehrenden bebte, ein Mitleid ein, wie man es mit einem Todkranken empfinden mag, der noch einmal seine Augen der untergehenden Sonne entgegen hebt. An ihn klammerte sie sich, von ihm verlangte sie, jede Rücksicht bei Seite setzend, Rettung, Labung in der Wüste ihres verkümmerten Lebens, und ihn hielt nur noch, als er sich jetzt teilnehmend über sie beugte, der Gedanke an Emma und eine brustbeengende Scheu davon ab, sich ihr ganz hinzugeben — — —

———————

XI.

Emma war gegen Morgen in einen leichten Halbschlaf verfallen, nachdem sie sich die Nacht hindurch teilweise mit Lesen, teilweise mit dem Aufzeichnen eigner Gedanken beschäftigt. Das Studium der Philosophen, das sie nun gründlicher betrieb, half ihr über vieles hinweg, in der eignen Produktion entdeckte ihre groß angelegte Natur eine Quelle der Zufriedenheit, die ihr selbst das Unerträgliche erträglich machte. Zugleich begann sie eifriger denn je Kunstgeschichte zu studieren, kaufte viele Kopien großer Meister und vervollkommnete ihre Kenntnisse, die Schärfe ihres Urteils in kurzer Zeit derart, daß sie, wie sie fühlte, nun erst ihres Gatten Arbeitskraft zu würdigen und völlig zu verstehen vermochte. Jetzt erst glaubte sie ihm ebenbürtig zu sein; wenn jemals wieder eine Versöhnung zwischen ihnen zu Stande kommen sollte, würde er im wahren Sinne eine geistige Mitarbeiterin an ihr finden. Ihr geistiger Hochmut hatte sich allmählich in eine ernste, würdige Bescheidenheit verwandelt, denn nun erst, nachdem sie mehrere Bilder Pauls studiert, lernte sie erkennen, wie das naive Kunsttalent dem abstrakten Denken immer überlegen bleibt. Jetzt wußte sie erst, welch innere Tiefe, welch hohe Gemütsbildung dazu gehört, Kunstwerke zu schaffen; und sie sah mit Ehrfurcht zu dieser stillen, kindlichen Geistesgröße empor, sie schämte sich aufrichtig ihres früheren Genialitätsdünkels. Auf diesem Wege gelangte sie wenigstens dahin, ihre Seelenleiden, wenn sie dieselben auch nicht vernichten konnte, zu mildern, dieselben sich in Entfernung zu halten.

Sie saß angekleidet auf dem Sopha, den Kopf mit den geschlossenen Augen, dem halboffnen Mund, ein wenig auf die Seite geneigt; vor ihr auf dem Tisch beglänzte die Lampe Bücher, Blätter, Schreibgerätschaften. Die Thüre, die nach dem Garten zuführte stand offen und ließ den kühlen Nachtwind in's Zimmer, der mit der Flamme der Lampe spielte. Über den Wipfeln des Parks dämmerte es bereits, als Emma's regelmäßige Atemzüge zu stocken und ihre geschlossenen Lider zu zucken begannen; sie seufzte und träumte, die Möbel um sie her würden lebendig. Plötzlich war es ihr, als rufe eine fremde Stimme ihren Namen; im Schlaf antwortete sie mit einem verdrossenen: Ja! hob ein wenig die Augenlider, und da es ihr vorkam, als stünde eine Gestalt vor ihr, öffnete sie die Augen völlig: „Wer ist da," rief sie ganz laut, erschrocken emporfahrend, als sie ein sehr einfach, fast ärmlich gekleidetes Weib aus dem Volk vor sich stehen sah. Die Lampe, die schon seit einer Stunde mit dem Erlöschen gekämpft, zuckte auf, rauchte immer stärker und erlosch, so daß jetzt der trübe, gelbfahle Herbstmorgen die Gestalt jenes Weibs in ein gespenstisch-graues Licht hüllte und Emma die Züge desselben nicht erkennen ließ.

„Was wollen Sie hier, wer sind Sie?" sagte sie rauh, aber ohne Erregung, denn die Seelenkämpfe der letzten Wochen hatten ihr eine gewisse, müde Gleichgültigkeit gegen äußere Eindrücke verliehen, ließen ihr alles, was sich nicht auf jene Kämpfe bezog, als unwesentlich erscheinen. Nichts vermochte sie in Erstaunen oder Schrecken zu setzen; wäre ein Mörder um diese Stunde in ihr Zimmer gedrungen, sie würde ihn wohl mit derselben Ruhe angeredet und zu ihm aufgeblickt haben.

„O, hören Sie mich, gnädige Frau." stieß die Unbekannte, den verstörten Blick auf den Boden geheftet, heraus. Emma, die Müdigkeit gewaltsam verscheuchend, betrachtete, als sie sich umwendete und die Dämmerung ihr Gesicht erhellte, die, wie es schien, hocherregte Eingedrungene genauer —: sie träumte nicht mehr — sie täuschte sich nicht — sie hatte diese Züge schon einmal erblickt. Louise stand vor ihr, jenes Modell, um das im Atelier Paul's einst der Kampf mit dem jungen Schreiner entbrannt war. Emma erhob sich; diese jetzt so verstörten, nicht unschönen Züge erweckten peinliche, fast eifersüchtige Erinnerungen in ihr. Sie wollte sich diesem Eindruck entziehen und schritt, eine

heftig abweisende Handbewegung ausführend, nach
der Thüre.

„Wenn Sie Geld brauchen …" sagte sie zurück=
gewendet, doch die andere, die jetzt erst zu Worte
zu kommen schien, unterbrach sie.

„Sie müssen mich hören," rief sie und hielt
sich mühsam am Tisch aufrecht, „sein Leben ist in
Gefahr —."

„Was? Wessen Leben?" sagte Emma, erschrocken
aufhorchend.

„O, es ist schrecklich, schrecklich," rief das Mäd=
chen, statt aller Antwort die Hände vor das Gesicht
drückend.

„Was ist schrecklich —? Sie träumen wohl!"
stieß Emma tonlos hervor.

„Ich weiß nicht, was ich thue — hören Sie
mich nur!" keuchte Louise, nach Fassung ringend,
„ich lief hierher zu Ihnen, — es ist so, wie ich
sagte, für so schlecht hätte ich ihn nie gehalten —
er hat es mir gestanden — und wenn Sie nicht
eilen, ist er verloren — !"

„Wer — verloren — ?" Emma trat näher, ihre
Scheu überwindend und durch die Geberden der Un=
glücklichen zum Mitleid bewegt.

„Ich verstehe Sie gar nicht, liebes Kind," ent=
gegnete sie freundlich, „sprechen Sie doch ruhig;
wenn ich Ihnen helfen kann — recht gern —
aber —!"

Louise brach in Thränen aus. Erst nach eini=

ger Zeit brachte sie es über sich, in atemloser, stocken-
der Hast zu erzählen, wie sie schon seit einigen Tagen an Heinrich, ihrem Bräutigam, eine seltsame
Unruhe bemerkt. Schließlich habe sie aus mehreren
seiner Äußerungen erraten, daß er, von Eifersucht
gefoltert, irgend einen Racheplan gegen Paul's Leben geschmiedet. Da habe sie, um hinter das Geheimnis zu kommen, zu einer List gegriffen. Als
er heute morgen außergewöhnlich früh die Werkstatt
betreten, habe sie ihren Bräutigam mit den Worten
empfangen: eben gehe das Gerücht durch die ganze
Stadt: Paul Steinacher sei tot, man habe seine
Leiche gefunden. Da müsse denn doch in Heinrich
das Gewissen erwacht sein, er sei kreidebleich geworden, habe sich verflucht und sich wie ein Wahn-
sinniger geberdet. In diesem Zustand habe er ihr
gestanden, daß er das oberste Brett des Gerüsts,
auf welchem Paul im Hause des Bankiers Weber
zu malen hatte, künstlich so gelegt, daß es notwendig, sobald es ein Fuß betrete, umschlagen
mußte.

„Was sagen Sie?" preßte Emma, als sie dies
vernommen, hervor, „und Paul —, wann betritt er
das Gerüst?"

„Das weiß ich nicht," rief das Mädchen; in
Thränen ausbrechend, „eilen Sie nur zu ihm —
o Gott — Heinrich ein Mörder — eilen Sie zu
ihm. Er kann es ja in jedem Augenblick betreten,
und ich sah den Gartensaal, in dem das Gerüst

steht — es ist eine Höhe — wer herunterstürzt, bleibt für immer liegen."

Emma starrte die Verzweiflungsvolle entsetzt an, keines Wortes, keiner Bewegung fähig. Nur der eine Gedanke bohrte sich ihr weh und gewaltsam in's Gehirn: Du siehst, du hörst ihn nicht mehr; alles übrige Denken und Fühlen blieb ihr wie von dieser Vorstellung verschlungen.

„Eilen Sie, ehe es zu spät ist, zu Ihrem Gatten," rief Louise, die Hände ringend, „vielleicht ist es schon zu spät, vielleicht liegt er bereits zer= schmettert."

Dieser Verzweiflungsschrei brachte die Schmerz= gelähmte wieder zu sich; es brauste ihr in den Oh= ren; wie im Taumel stammelnd, wie im Rausch, alle ihre philosophischen Grundsätze zu Hülfe ru= fend, dankte sie dem Mädchen, klingelte und befahl dem aus dem Bett geholten Kutscher, sogleich an= zuspannen. Mit Gewalt, alle ihre philosophischen Grundsätze zu Hülfe rufend, kämpfte sie, so lange sie auf den Wagen warten mußte, ihre fieberhafte Erregung nieder, aber ihre Phantasie war mächtiger als ihr Verstand; sie warf die Bücher, die sie er= griffen, auf den Tisch, malte sich Paul's Lage mit den wildesten Farben aus und stöhnte unter den Eindrücken ihrer erhitzten Einbildungskraft laut auf. Und wenn es zu spät war, wenn sie ihn als Leiche wiedersähe? Nein! Nein! Nur zu ihm, gewiß — er zögerte noch, das Gerüst zu betreten; es war

5 Uhr; da schlief er noch — um 6 konnte sie bei
ihm sein, das Drohende abzuwenden. Also zu ihm!
Noch in dieser Stunde! Ihn wiedersehen? und
unter welchen Umständen?! Sie dachte nicht mehr
daran, daß er in Gefahr schwebte, daß sein Fuß
das verhängnisvolle Brett betreten könne, ehe sie
ihn daran zu verhindern vermochte — wie ein
Blitz schlug es vor ihr nieder — sie dachte jetzt
nur an das Wiedersehen, daran, daß sie seine Ret=
terin werden könne und daß er — vielleicht —
wär's möglich? — es beschlich sie ein eigentümliches
Wonnegefühl, daß er, wenn er ihre Angst, ihre
Sorge um sein Leben ihr in den Augen lese — —!
Ja, das war Hoffnung, wie hingebend weich ihr
auf einmal um's Herz ward! gewiß, er konnte sei=
ner Retterin nicht länger zürnen, sie hatte ja ihren
Fehler wieder gut gemacht, hatte bewiesen, wie sehr
sie ihn lieben gelernt. Gewiß, das war der Mo=
ment — das besiegte ihn, versöhnte ihn, und er
war der ihre, sie die seine für immer. Als sie be=
reits im Wagen saß, erschien sie zwar äußerlich ge=
faßt, in ihrem Inneren sah es desto wüster aus.
Ihrer Leidenschaftlichkeit kam der Wagen nicht rasch
genug von der Stelle, es drängte und zog sie in=
nerlich vorwärts, es war ihr, als müsse die Natur
mitleidig ein Übriges thun und ihr für kurze Zeit
Flügel verleihen, und dann stellte ihr Verstand ihr
das Unsinnige, Zwecklose all dieser Ideen vor die
Seele und zeigte ihr, wie mitleidslos=grausam das

Schicksal meist unsre liebsten Wünsche unberücksich-
tigt läßt; uns den Becher, den wir eben an die
Lippen setzten, aus der Hand schlägt, daß uns seine
Scherben die Finger blutig schneiden. Dann sank
sie in die Polster zurück, stöhnte, schloß die Augen
nnd überließ sich ganz den Martern der Erwartung,
die an ihren Nerven rissen, daß jede Faser an ihrem
Leibe zu zucken begann. Immer war es ihr, als
komme sie zu spät, als habe der Himmel beschlossen,
sie zu strafen, ihren Stolz, ihre Selbstsucht zu
brechen, ihr zu beweisen, daß es ein Höheres gebe
im Leben, als hohe Geistesgaben, — und dazwischen
träumte sie von seiner Dankbarkeit, seinem Kuß —!

Endlich, endlich hielt der Wagen vor der Villa.
Das Haus machte einen schläfrigen, einsamen Eindruck, inmitten des Gartens, im Licht dieses trüben,
regnerischen Herbstmorgens. Als sie die Treppe
hinaufeilte, wunderte sie sich darüber, daß das Thor
offen stand, daß ihr kein Mensch entgegentrat und
daß in dem Hausflur jene sonderbare Verwahrlo-
sung herrschte, die auf außergewöhnliche Ereignisse
schließen ließ. Rings an den Wänden prangten
Blumen, alle Gasflammen brannten, auf dem Mar-
morboden lagen Blumensträuße, Papierhüllen, Handschuhe zerstreut. Emma hielt den Atem an. Die
Ausgestorbenheit der Räume hemmte ihre Empfin-
dungs- und Gedankenwelt, sie fürchtete nicht, hoffte
auch nicht, es lag wie ein zurückgedämmtes Fieber
auf ihren Nerven. Die Thüren standen fast im

ganzen Haufe offen, ein heißer, mit verschiedenartigen
Gerüchen geschwängerter Dunst lagerte sich aus der
Luft über die Gegenstände ab, und, als sie in den
ersten Saal trat, bemerkte sie, daß sich hier eine
zahlreiche Gesellschaft an reich besetzten Tafeln die
Nacht hindurch hatte wohl sein lassen; das bewiesen
die Reste der Mahlzeit, die geleerten Flaschen, die
umgestürzten Stühle. Wie traurig die Gasflammen
der Kronleuchter im grauen Morgenlicht flackerten,
die Trümmer dieses Schlachtfeldes der Vergnügun=
gen grämlich mit gelbem Glast überzogen; wie trüb=
selig dieser verlassene Prunk, diese leeren Tische an=
muteten; es war, als spottete die Pracht der Wände
der genossenen Lust, als witzelten die hüpfenden
Flammen über die Vergänglichkeit der Genüsse.
Neben der Thüre lag ein Diener auf zwei Stühlen
und schnarchte; Emma dachte daran, ihn zu wecken,
um nach den Bewohnern zu fragen, zog es alsdann
aber vor, weiter zu eilen. Wahrscheinlich schliefen
nach den Anstrengungen der durchwachten Nacht
sämmtliche Hausbewohner, selbst die Dienerschaft
schien ihre Pflichten im langentbehrten Schlummer
zu vergessen. Sie beschloß daher, zu warten, da es
ja in diesem Fall nicht eilte, Paul vor dem Gerüst,
das er heute schwerlich besteigen würde, zu warnen.
Als sie das Ende des Saals erreicht, kam es ihr
vor, als vernehme sie Stimmen; sonderbar, ganz
schlummerselig scholl das Echo durch die leeren
Gemächer, ersterbend schlug es von den verschlafenen

Wänden zurück. Dieser aus dem Grab hervorhallende
Ton stimmte Emma mißmutig; es begann sie zu
frösteln, sie gähnte mehrmals und fühlte eine un=
überwindliche, unbehagliche, fast fieberartige Schlaf=
neigung. Nur wenn sie daran dachte, daß sie heute
noch Paul gegenüber stehen sollte, kam sie wieder zu sich
und dann preßte ihr eine wehe, krampfartige Be=
klommenheit die Brust. Dachte er noch manchmal
an sie? Wie würde er ihr plötzliches Erscheinen
auffassen? Würde er ihr verschlossen oder herzlich
entgegenkommen? Und wie lebte er mit Elisabeth?
Rechtfertigte auch das, was sie ihm mitzuteilen hatte,
ihren Besuch? Sie hätte ja auch eine Dienerin
schicken können; es sah doch schließlich, wenn sie kam,
ihn selbst aufzusuchen, aus, als könne sie nicht ohne
ihn existieren? Alle diese Fragen fielen ihr schwer
auf die Brust, als sie nun in dem kleinen Winter=
garten angelangt war, in dessen Mitte ein Spring=
brunnen plätscherte. Das eintönige Rauschen des
Strahls vermehrte Emma's seltsame, aufgeregte
Schlaftrunkenheit, und da sie sich in einem Sessel
niederließ, wäre sie vielleicht eingenickt, hätten nicht
plötzlich bekannte Laute ihr Ohr berührt. Das war
die Stimme Paul's, sie klang zwar gedämpft, aber
vernehmlich von rechts her durch die mit bunten
Lampen geschmückten Gebüsche. Emma stieg das
Blut in die Schläfen; dieser Klang weckte wieder
ihre ganze, bis zur Leidenschaft gesteigerte Liebe,
ihre brennende Reue, und der glühende Wunsch, ihm

zu Füßen zu stürzen, ihn um Verzeihung zu bitten,
sich vor ihm zu bemütigen, rang auf's neue mit ih=
rem Stolz. Eine andere Stimme, die Stimme Eli=
sabeths, antwortete. Emma's Herz, dem eigentlich,
da es grad, einfach und groß empfand, die Regungen
der wirklichen Eifersucht von jeher fremd geblieben,
krampfte sich doch zusammen, als diese beiden flü=
sternden Stimmen so sonderbar kosend und schäckernd
durch die Blätter herüberdrangen; es packte sie, wie
eine Angst vor sich selbst, vor ihrer eignen Hülflo=
sigkeit, als müsse sie sich etwas unsagbar Trauriges
verbergen und sie wandte ihr Haupt ab von der
Stelle, von der die Töne kamen. Doch das wußte
sie ja: seine kindliche Natur war keiner Schändlich=
keit fähig; sie durfte ihm, obgleich sie ihn auf's
tiefste beleidigt, keine so niedrige Rache zutrauen.
War er doch ein verschämter, schüchterner Mensch,
der vor dem Ewigweiblichen die höchste Ehrfurcht
hegte. Sie erhob sich sogar, um sich zu entfernen,
denn ihrem Charakter lag jede Neugier fern, aber
in diesem Augenblick sah sie ein rosarotes Ballkleid
durch die Myrtengebüsche schimmern und bemerkte,
wie hinter dem breiten Fächer einer Palme ein
schwarzer Gesellschaftsanzug zum Vorschein kam. Mit
innerem Widerstreben wendete sie langsam den Kopf;
ein eisiger Schauer fror ihr vom Herzen nach dem
Hirn; was war das? Dort — hinter dem Pal=
menschaft — unmöglich; ihr Gesicht nahm einen ent=
täuschten, angstvoll schmerzlichen Ausdruck an, als

14*

sie einen nackten Frauenarm sich um diesen schwarzen
Anzug schlingen, ein Haupt sich im Kuß auf ein
anderes herabneigen sah. Doch sie sah mehr . . .
das Erniedrigendste! Ihr Mund, der sich blau
färbte, öffnete sich wie zum Schrei; ihr entsetzter,
gequälter Blick blieb ausdrucksloß an dem Bild haf=
ten, das sie nicht zu begreifen schien. Also doch!
Du hast ihn verloren! Du bist gestraft, so grausam
wie du es verdienst, — und er thut recht, denn du'
wiesest seine Liebe von dir —! Sie sah, hörte nichts
mehr, sie floh von bannen, als verfolgte sie die
Hölle. Wie klein, wie gedemütigt, wie erbärmlich
sie sich auf einmal vorkam. Da begann es unheim=
lich ihr Hirn zu durchwühlen; es war ihr, als
krieche eine ekelhafte, schwarze Spinne durch die Ka=
näle ihres Hirns — o nur nicht werden wie die
Mutter, lispelte sie und preßte die Hände vor die
Stirne; aber das Schicksal ist unerbittlich, sie mußte
es. Nur diesen peinlichen Druck im Kopf verban=
nen! — aber er wollte nicht weichen, er nahm zu
und eine hämische Stimme lispelte: ich fasse dich
doch, du bist mir verfallen, es liegt dir im Blut
von der Mutter her; — und eine andere Stimme
antwortete: Dämon, ich bin mächtiger als du, denn
ich bin der Tod und mir ist alles unterthan . . .

XII.

Es mochte gegen 9 Uhr morgens sein, als sich Paul aus den Armen Elisabeths riß.

„Und jetzt, nachdem Du die ganze Nacht durchwacht, willst Du arbeiten?" fragte ihn Elisabeth, ihm liebevoll die Wange streichelnd.

„Gerade in solchen überreizten Stimmungen arbeite ich am besten," sagte er verdrießlich und entzog sich beschämt ihren Liebkosungen.

„Warum ziehst Du die Stirne so in Runzeln?" entgegnete sie.

Er wandte sich angeekelt von ihr ab und sah ohne zu antworten, starr, finster in's Weite. Sie schmiegte sich an ihn; er drückte sie leise von sich weg; man sah ihm an, daß er sie lieber heftig von sich gestoßen.

„Laß mich, laß mich!" sagte er, indem sein Gesicht einen wahrhaft unglücklichen Ausdruck annahm. Dann verließ er sie, um das Gerüst zu besteigen und sich im Drang künstlerischer Arbeit Zerstreuung zu suchen. In welch elender Stimmung er sich be-

fand, wie öb, wie nüchtern nach dieser verstürmten
Nacht ihm die Welt in's müde Auge starrte; er
hätte sich selbst beohrfeigen mögen, so unzufrieden
war er mit sich, so sehr bereute seine seine Natur,
daß er sich vergessen, sich benommen wie ein ge-
meiner Lüstling! Und wie er nun dies Weib, das
ihn besiegt, haßte, ganz seiner sanften Art entgegen,
ballte er die Fäuste und schäumte innerlich vor Wut,
welche Wut er schließlich gerecht genug war auf sich
selbst zu richten. Heftiger denn je erwachte jetzt,
da er die erniedrigende Liebe dieser Kokette genossen,
die Sehnsucht nach Emma's lautrer Natürlichkeit,
ernster Würde in ihm, und er beschloß, heute noch
zu ihr zurückzukehren. Ja! ich will nicht länger
den gekränkten, tugendstarken Helden spielen, ich will
ihr zu verstehen geben, wie mir's um's Herz ist,
wie ich sie trotz all ihrer Fehler liebe; es soll alles
wieder gut werden zwischen uns, dachte er, indem
er in's Freie trat. Dann wieder raunte ihm sein
Stolz zu, er dürfe noch nicht verzeihen, er müsse
sie noch im Ungewissen lassen, aber da brannte ihm
auf einmal die Wange —: sie hatte an ihm gesündigt, er hatte nun auch an ihr gesündigt, schwer
und unverzeihlich. Der Entschluß reifte in ihm, ihr
seinen Fehltritt, seinen Verrat offen einzugestehn.
Das ist der Prüfstein, rief er sich zu, nur so ver-
magst du dich zu überzeugen, ob sie dir völlig ergeben, ob sie ein wahres Weib. Sie soll wissen,
daß ich sie hintergangen, dann mag sie entscheiden,

ob wir noch zusammen gehören können, ob ihre Liebe mächtig genug ist, auch den Schwachen, Abtrünnigen neben sich zu dulden, ob ihre Reue aufrichtig genug ist, um jede Strafe als eine verdiente ansehen zu können. Von diesem Gedanken beseelt, fühlte er plötzlich alle seine Kräfte wachsen. Augenblicklich wollte er zu ihr eilen; jetzt, da ihm noch die Folgen seines Fehltritts das Herz bedrückten, wollte er sein Geständnis ablegen.

Als er, von diesen Phantasien beherrscht, auf den Gartensaal zuschritt, bemerkte er nicht, wie der alte Gärtner von weitem auf ihn zueilte, beständig mit dem Grabscheit winkend.

„Herr Steinacher, Herr Steinacher,“ rief der alte Mann, „kommen Sie doch, 's ist was passiert, hören Sie doch.“

Paul blieb stehen. „Was ist denn,“ sagte er ungeduldig.

Der Alte hinkte heran.

„Kommen Sie mal mit, Herr,“ hustete er, nach dem kleinen Tempel deutend, der zwischen den Bäumen weiterhin sichtbar ward.

„Ich habe keine Zeit,“ entgegnete Paul unwirsch —

„Ja, kommen Sie nur,“ fuhr der andere flüsternd fort, Paul am Rockknopf ziehend, — 's ist was ganz Merkwürdiges — ein Weib — Herr —.“

„Ein Weib?“

„Ein — ja eine Ersoffne."

„Was?"

„Wir haben eben, ich und mein Knecht, ein Weib aus dem oberen Teich herausgezogen," teuchte der Alte mit wichtigem Gesichtsausdruck.

„Was?" stieß Paul bestürzt heraus.

„Ja, so ist's, kommen Sie nur mit," sagte er geheimnisvoll grinsend, „'s ist ein sehr schönes Frauenzimmer, sie ist pudelnaß natürlich. Wir arbeiteten grad am kleinen Tempel, wissen Sie, als wir was rauschen hörten — mein Junge lief hin — nun da sah er die Bescheerung — da schwamm was Schwarzes im Wasser. Holla, rief ich, willst Du dort liegen bleiben? Es gab keine Antwort, sondern tauchte unter und wieder auf, und jetzt sah ich auch ein kreideweißes Weibergesicht im schwarzen Wasser. Hollah! dacht ich, die hat's eilig mit dem Himmelreich, nnd wadete in den Schlamm durch die Binsen und konnte sie mit leichter Müh' an den Kleidern herausziehen, denn dort ist der Teich am Grund dicht bewachsen, man sinkt kaum unter. Wir trugen sie gleich in den Tempel..."

„Lebt sie noch?" fragte Paul beklommen.

„Sie muckst sich nicht," sagte der Alte, „sie ist ganz starr."

„Geh, ruf den Arzt," befahl Paul, „laß mich allein, ruf den Arzt."

„'S ist recht," sagte der Alte und hinkte davon, während Paul rasch dem kleinen Tempel zuschritt

Ein Weib! wird eine arme Landstreicherin sein,
dachte er und eilte, ohne eigentlich Mitleid zu empfin=
den, nur vom Wunsche zu helfen beseelt, weiter, bis
er den Tempel erreicht. Im ganzen kam ihm die=
ser Vorfall, der seinen Gedanken eine andere Rich=
tung gab, recht gelegen, er riß ihn aus seiner öden
Stimmung, flößte ihm Thatkraft und Entschlossenheit
ein. Als er einen Blick durch die offne Thür des
Lusthäuschens warf, durchfuhr ihn, er mußte selbst
nicht, welche jähe Erinnerung; eine Farbe, die er
dort im Halbdunkel des engen, fünfeckigen Raums
schimmern sah, beunruhigte ihn, kam ihm bekannt
vor, und als er näher trat, bemerkte er, daß es
die dunkelgrüne Farbe eines Frauenkleids war, die
ihn so wunderlich erschreckte. Von dem einzigen
blaufarbigen Fenster des Raums beleuchtet, lag die
Unglückliche auf einer eisernen Gartenbank; er sah
bis jetzt nur ihre Stiefelsohlen, die ihm zugekehrt
waren, sprang die paar Stufen hinauf und wäre
beinahe auf den Sandsteinfließen ausgeglitten, die
der nasse Körper des Weibes mit einer Wasserlache
verunreinigt. Am besten beginne ich gleich mit den
Atmungsversuchen, dachte er, nun doch ein wenig
erregt und sich mit jener Scheu, die der Anblick des
Elends dem Menschen einflößt, von der Langhinge=
streckten abwendend. Doch das war feige, er schalt
sich und schritt dann, nachdem er sich an das blaue
Halbdunkel des Raums gewöhnt, auf den Körper zu.
Der Atem stockte ihm, die Augen traten ihm aus

den Höhlen — nein! Das konnte nicht sein, das
war ja der helle Wahnsinn. Er griff sich langsam
an die eiskalt werdende Stirn und, während sich
seine Brust, nach Fassung ringend, krampfhaft ab-
arbeitete, war es ihm, als rissen unzählige Wirbel-
stürme von allen Seiten an seinem Körper. „O! O!"

Dieses wachsbleiche Gesicht, dieser zusammenge-
kniffene Mund, diese triefenden Haare — er stöhnte
auf — alles so still, kalt und starr, was da vor
ihm lag — sie war es gar nicht mehr und war
es doch —.

„Emma!" schrie er jammernd, knickte in die
Kniee, umfaßte zuckend den schwer herabhän-
genden Kopf der Unseligen. „Sie weiß alles!"
rief es in ihm, „sie kennt mein Vergehen — und
o, wie sie mich liebte —!" Laut jammernd rief er
kindisch, ihre kalte Wange liebkosend:

„O, wie Du mich liebtest, nicht wahr?"
Dann verließ ihn die Besinnung. So lag er, bis
eine rauhe Hand, die Hand des Gärtners ihn aus
seiner Betäubung rüttelte. Ein fremder, schwarzge-
kleideter Herr beugte sich, ganz in seine Wiederbe-
lebungsversuche versunken, auf die Verunglückte herab, regelmäßige Bewegungen mit ihren Armen ausführend.

Paul schlug, sich auf den Boden werfend, sinnlos wütend um sich; es lebte nur die eine zermal-
mende Empfindung in ihm: du hast sie getötet!

und diese Empfindung zerriß ihm die Brust, verwirrte sein Denken bis zur Raserei. „O, laßt
mich, was beginnt Ihr?" rief er, des Gärtners Be-
ruhigungen abwehrend, „ich will nicht leben, ich
will nicht — laßt mich — es ist alles aus —."
Und er drückte mit dem Kopf gegen den Fußboden,
als wolle er sich in die Erde verkriechen, wo sie
am tiefsten ist.

———————

XIII.

Als Paul wieder zu sich kam. fand er sich in
seinem eignen Hause, auf seinem Bette liegend. Was
war geschehen? Warum befand er sich hier? Er
wußte nichts mehr von den Ereignissen, die ihm
kaum eine Stunde vorher das Herz zerrissen! Doch!
jetzt dämmerte es! Aus der angenehmen Nacht, die
ihm die Schläfen kühlte, drang wieder der grelle
Strahl des Bewußtseins. Da lag es vor ihm; sein
ganzes Elend grinste ihn hohnlachend an wie mit
blutigen Zähnen, und er stand ihm machtlos, that-
und ratlos gegenüber! O, wenn er sich's Doch verbergen könnte, wenn er doch nicht daran zu denken
brauchte! Und die Trostlosigkeit seiner Lage begann
schließlich sein Vorstellungsvermögen zu lähmen. Eine
Schwerbesinnlichkeit hatte ihn befallen,die,als sie gewichen,
einer dumpfen Gleichgültigkeit Platz machte. Es lag ihm
an seinem, an Emmas Wohl nichts mehr, er wünschte
ewig vor sich hin zu träumen. Endlich ermannte
er sich und frug den scheu eintretenden Diener mit
dumpfer, gleichgültiger Stimme, wie er hier her-
gekommen, und dieser berichtete, daß man ihn

vor einer Stunde nebst der Verunglückten in zwei verschiedenen Wagen des Bankiers hierhergebracht.

„So hat man alle Belebungsversuche aufgegeben?" frug Paul tonlos.

„Aufgegeben?" gab der Diener erstaunt zurück. Bebend, sich abwendend, als wolle er die Antwort absichtlich überhören, frug Paul noch einmal.

„Nein, die Dienerinnen haben Ihre Frau," erklärte ihm der Alte, „auf Wunsch des Arztes in's Bett gebracht."

„So ist meine Frau hier?"

„Gewiß, der Arzt fuhr mit ihr im Wagen her; der Arzt läßt Ihnen sagen —"

Paul wandte sich hastig um, die stumpfe Gleichgültigkeit wich aus seinem Innern.

„Sie sollten," fuhr der Alte fort, „Sie sollten Hoffnung fassen, meint der Doktor, die Verunglückte beginne zu atmen."

„Was?" rief Paul, „sie lebt?" Er atmete auf, als sei er der Ertrunkene, der wieder zum Leben erwachte. Er wollte sich aufraffen und wie ein Besessener hinunter, zu ihr eilen, fühlte sich aber an allen Gliedern wie gelähmt, auch hielt ihn der Diener zurück.

„Jetzt noch nicht," sagte er, „der Doktor meint, er wolle Sie später benachrichtigen, wenn Sie hinunter dürfen — jetzt noch nicht."

„E ist gut," stammelte der Maler, nervös zitternd, wie von einem Krampf befallen, es ist gut, gehe."

So wäre dies Unheil nur ein Traum gewesen? Eine Prüfung des Schicksals? Vielleicht ein Mittel, um sie beide zu vereinigen? Und er hatte sie wieder? Sie war gerettet? Tausend Fragen bestürmten den Ungeduldigen — was sie von ihm denken mochte! Wie sie ihm begegnen würde! Ob sie ihn jetzt verabscheue, ihn hasse? O war sie auch gerettet, er war es noch nicht, er war verlorener als je! Für ihn blieb sie tot! Schlimmer als tot. War sie nicht in ihrer weiblichen Ehre verletzt? Zwar er hatte ihr viel zu verzeihen, doch durfte sie ihm offenbare Untreue verzeihen? Er kam zu keinem Resultat.

Als er, von diesen quälenden Vorstellungen gepeinigt, sich stöhnend an die Stirne griff, bemerkte er, daß der Diener noch nicht gegangen war; er faßte sich und blieb, den Ausdruck resignierten Leidens in den Zügen, aufrecht auf dem Bette sitzen.

„Was willst Du noch?" sagte er rauh.

„Der Doktor hat," stammelte der Alte, „als er die Frau entkleiden mußte, um die Atmungsbewegungen vorzunehmen, dies Notizbuch bei ihr gefunden. Er sagt, ich soll's Ihnen übergeben."

Paul griff mechanisch nach dem durchnäßten Ledertäschchen, öffnete es und fand darin seine Photographie, die er, wie im Zorn, zu Boden warf. Die Seiten des Büchleins waren mit Blei beschrieben; er überflog sie: es schienen abgerissene philosophische Ideen, Kunstbetrachtungen, zuweilen kurze Reimzeilen

zu sein. Eines der Blätter hing los, und als er
das Buch schließen wollte, fiel sein Blick auf die
fast unleserlichen Worte: „An meinen Mann!" Das
Blut schoß ihm in die Augen, zitternd überflog er
das Blatt, vermochte aber die halb verwischten
Schriftzüge mit dem besten Willen nicht zu entzif=
fern. Offenbar hatte sie, ehe sie sich in die Wellen
stürzte, an ihn schreiben wollen; ihre Aufregung schien
dies Vorhaben unmöglich gemacht zu haben, die
Buchstaben standen ordnungslos, oft sinnlos durcheinander. In welchem Sinne hatte sie an ihn
schreiben wollen? Wollte sie von ihrer Liebe, von
ihrem Haß reden, verachtete sie ihn, oder wollte sie
ihm vorm Tod verzeihen? Nur das einzige Wort:
Schuld! ließ sich mit Mühe auf dem nassen Papier
erraten, — in welchem Zusammenhang das Wort
gebraucht war, blieb unklar. Dennoch saß Paul
diesen ganzen Tag hindurch vor dem kleinen Blatt,
das ihm so wichtige Rätsel aufgab, und erst, als
ihm gegen Abend der Arzt melden ließ, Emma sei
außer Gefahr und dürfe Besuche empfangen, riß er
sich von den unentzifferbaren Buchstaben los. Sollte
er jetzt zu ihr gehen? Das Herz zitterte ihm, wenn
er daran dachte, sie zu sehen. Nein! Noch gab es
ein Aushülfsmittel. Rasch entschlossen trat er an
den Pult und schrieb ihr einen Brief, in welchem
er mit fieberhafter Hast in den gesteigertsten Aus-
brücken seinen ganzen Gemütszustand enthüllte. Sein
Vergehen suchte er als die Folge ihrer eignen

Schroffheit und Herzenskälte hinzustellen; er bewies ihr dies mit dem Scharfsinn der Verzweiflung und gab ihr zu verstehen, daß sie ihn zu diesem Äußersten durch ihr Benehmen getrieben. Der Brief atmete einen männlichen, selbstbewußten, wenn auch resignierten Ton und schloß mit der Bitte, sie möge ihm gewähren, sich auch mündlich zu rechtfertigen, sie würde sich alsdann überzeugen, wie sehr er sie verehre und liebe, wie sehr er jene andere, mit der er sich vergangen, verabscheue, ja verachte.

Als er diesen Brief an sie abgeschickt, wartete er vergebens; es erfolgte keine Antwort. Er sah Emma mehrere Tage hindurch nicht, obgleich sie, wie er wußte, völlig hergestellt war. Wieder kehrte jene trübe Gleichgültigkeit in ihm zurück, immer mehr verdüsterte sich sein Gemüt, und er beschloß, um der Sache ein für allemal ein Ende zu machen, weit weg nach Italien zu reisen, es schien ja offenbar, sie wollte ihm nicht verzeihen, sie verschloß sich in ihren Zimmern, ein Zusammenleben war unter solchen Umständen nicht möglich.

Am Tage vor seiner Abreise suchte er noch einmal einen Lieblingsort im Park auf, eine einsame, dicht am Weiher gelegene Bank. Jetzt freilich hatte der Novembersturm die vergilbten Bäume arg zerzaust. Der Kiesweg lag fußhoch mit farbigen Blättern bestreut; über den Spiegel des Weihers fröstelten die kalten Schauer des herannahenden Winters und zuweilen zitterte eine verlorene Schneeflocke wie ein Vorbote

künftigen Gestöbers von den grauen Wolken herab
An sein zerstörtes Dasein denkend, sank der Maler
auf die Steinbank, beugte das Haupt herab und
spielte mit der Hand in den raschelnden Blättern
am Boden. Eigentlich dachte er an gar nichts; es
lag wie eine schmerzliche Schlaftrunkenheit über ihm,
höchstens, daß ihm manchmal die Empfindung kam,
Emma strafe ihn zu hart, doch blieben alle seine
Reflexionen verschwommen; er gab sich seinem Gram
auf träumerische Weise hin. Da das fahle Abend=
rot über den Teich herüber dämmerte und der Wind
dringender über die schauernden Wellen strich, begann
es ihn zu frieren. Er wollte aufstehen, aber das
Rauschen der windbewegten Blätter fesselte alle seine
Entschlüsse, es war ihm, als müsse er hier verblu=
ten: Er schloß die Augen und dachte an den Schlaf
der Erfrierenden. Wahrscheinlich wäre er auch wirk=
lich eingeschlafen, plötzlich empfand er aber durch
die geschlossenen Augenlider eine Verdunklung hin=
durch; es mußte jemand zwischen ihn und die un=
tergehende Sonne getreten sein. Ein jäher Stich
durchbohrte ihm die Brust, er riß die Augen auf
und stammelte verschlafen: Wie kalt es ist. Seine
Ahnung betrog ihn nicht: Emma stand vor ihm.

„Du?“ sagte er leise, indes ihm das Herz ge=
fror und er fühlte, wie das Blut aus seinem Ge=
sichte wich.

Ihr blasses Gesicht zuckte, als wolle sie sprechen,

fände aber die Worte nicht. Thränen brannten in ihren, demütig auf Paul gerichteten Augen.

„Paul," flüsterte sie endlich mühsam, „Dein Brief..." Mehr brachte sie, da er sich schweigend, die Lippen aufeinanderpressend, abwandte, nicht hevor.

„Mein Brief?" flüsterte er dann fragend, als erwarte er, daß sie fortfahre.

„Paul," setzte sie noch einmal tief aufschluchzend, mühsam an, „kannst Du mir verzeihen —?"

„Ich Dir? —" stotterte er ablehnend und setzte mit dringender Betonung hinzu: „Du mir."

„Wir tragen beide Schuld —" hauchte sie mit hochwogendem Busen, „aber die meine ist die größere, ich weiß es — ich weiß es, daß Du mich liebst, immer liebtest — nicht wahr? selbst da liebtest als Du —"

Sie brach ab. Sie hatte sich ihm genähert; er sah bebend zu ihr empor, streckte langsam den Arm aus und sie fiel ihm, in die Kniee brechend, laut aufschluchzend, um den Hals.

„O Paul," schluchzte sie, wenn Du wüßtest, wie ich Dich jetzt, jetzt liebe —"

Er zog die vor ihm Knieende fester an seine Brust — „Und meine Schuld," flüsterte er stammelnd in sie hinein.

„Still," hauchte sie, ihm mit Küssen den Mund schließend, „seitdem Du mir das angethan — seitdem Du mich so tief gedemütigt — liebe ich Dich noch mehr — kannst Du es glauben? Es ist so!"

„Wie glücklich werden wir jetzt leben," flüsterte er strahlenden Auges ihr in's Ohr.